연세 한국어

읽기 6

연세대학교 한국어학당 편

연세대학교 대학출판문화원

연세 한국어 읽기 6

편저자 연세대학교 한국어학당 교재편찬위원회
집필진 한송화 · 이기성 · 이진숙 · 나미애 · 이수민
펴낸곳 연세대학교 대학출판문화원

주소 서울시 서대문구 연세로 50
전화 2123-3380~2
팩스 2123-8673
ysup@yonsei.ac.kr
http://www.yonsei.ac.kr/press
등록 1955년 10월 13일 제9-60호
인쇄 (주)네오프린텍
삽화 디투웍스
녹음 MS미디어
성우 윤미나 · 전광주

2010년 1월 25일 1판 1쇄 2012년 9월 28일 1판 4쇄
ISBN 978-89-7141-907-6 (08710)

값 **19,000**원 (CD 포함)

머리말

국내 최고의 명성으로 한국어 교육의 50년 전통을 이어 온 연세대학교 언어연구교육원 한국어학당에서는 한국어 교육의 질을 높이기 위해 그 동안 많은 교재를 편찬해 왔다. 최근 한국과 한국 문화에 대한 세계인들의 관심이 높아지고 한국어를 배우고자 하는 해외 동포와 외국인이 늘면서 한국어 교재에 대한 학습자들의 요구도 다양해졌다. 이에 따라 연세대학교 언어연구교육원 한국어학당에서는 다양한 학습자들을 대상으로 한국어와 한국문화를 교육할 수 있는 새로운 교재를 출간하게 되었다.

연세대학교 언어연구교육원 한국어학당에서 출간하는 '연세 한국어 읽기 6'은 한국어 고급 학습자를 위한 읽기 교재로서 고급 수준의 다양한 장르의 텍스트 독해 능력은 물론 다양한 주제의 글을 읽게 함으로써 주제와 관련된 어휘력 향상과 주제 관련의 생각의 폭을 넓힐 수 있도록 하였다. 특히 다양한 주제에 관한 심도 있는 사고 작용을 통해 비판적 읽기가 가능하도록 하였다.

'연세 한국어 읽기 6'은 특히 글의 선정에 많은 노력을 기울였다. 텍스트적 성격이 전형적으로 보이는 글이면서도 다양한 주제의 응집력 있는 글로서 문체와 구성이 한국어의 모범적 사례를 보일 수 있는 글을 선정하고자 하였다. 그리고 최근의 글로서 텍스트의 원작자의 인지도를 고려하면서 학습자의 흥미와 재미를 유발할 수 있는 글을 선정하였다.

'연세 한국어 읽기 6'이 연세대학교 언어연구교육원 한국어학당에서 공부하는 학생들뿐만 아니라 한국어를 정확하게 이해하고 구사하려는 모든 한국어 학습자들에게 도움이 되기를 바란다.

연세대학교 언어연구교육원
한국어학당 교재편찬위원회

일러두기

- '연세 한국어 읽기 6'은 총 10개의 단원으로 이루어져 있고, 뒤에 정답, 어휘색인, 원저출전이 학습자를 위한 자료로서 붙어 있다. 각 단원은 수필, 설명문, 기행문, 비평문, 시, 소설 등 고급 학습자들이 많이 접할 수 있으며 접해야 하는 다양한 장르의 글로 선정하였다.

- 10개의 각 단원은 도입 그림과 질문, 본문, 어휘, 어휘연습, 내용 이해, 이야기해 봅시다/써 봅시다, 더 읽어보기로 되어 있다.

- 도입 그림과 질문은 읽기 전 단계로서, 학습자가 읽을 내용과 관련된 그림(혹은 사진)을 보며 배경 지식을 활용하여 글 읽기에 자발적으로 참여하도록 하였다.

- 본문은 각 텍스트 유형의 특성을 살린 자료들로 선정하였으며, 원저자의 필체 등이 드러날 수 있도록 수정을 최소화하고 원전을 그대로 싣는 것을 원칙으로 하였다. 그리고 본문의 마지막에는 글쓴이 소개를 두어, 글의 저자를 소개함으로써 본문 이해에 도움이 되도록 하였다.

- 어휘는 본문 아래에 한국어로 그 의미를 풀어서 설명하여 고급 학습자들이 그 의미를 쉽게 이해할 수 있도록 하였다. 어휘 연습은 세 단계로 구성되는데, 1단계에서는 주제 관련 어휘를 연습하고, 2단계에서는 본문에 사용된 주요 어휘를 연습하고, 3단계에서는 본문에 사용된 관용구 혹은 속담 등을 연습하여 어휘를 확장할 수 있도록 이루어졌다.

- 내용 이해는 학습자들이 읽은 내용을 확인할 수 있도록 3단계로 이루어져 있다. 1단계는 글의 전체적인 주제나 글쓴이의 의도와 글의 종류 등을 질문함으로써 학습자들이 본문의 특성을 제대로 이해하도록 도왔으며, 2단계는 본문의 구조와 짜임에 대한 질문을 통해 본문의 내용을 개요표로 만들어 보도록 하였다. 3단계는 본문의 세부적인 내용에 대한 것으로, 글의 구체적인 내용을 정확하게 이해했는지 확인하는 문제로 구성하였다.

- 이야기해 봅시다/써봅시다는 읽은 후 활동으로서, 읽고 이해하는 것에서 나아가 말하기나 쓰기와 같은 다양한 생산적 언어활동이 가능한 활동으로 구성하였다. 이에서는 본문 주제와 관련된 자료를 제시하고, 유사한 주제에 관한 토론을 통해서 말하기 능력을 향상시키거나, 논설문, 기행문, 수필 등 각 장르의 특성을 이해하고, 각 장르에 맞는 글쓰기를 수행할 수 있도록 하였다.

- 더 읽어 보기는 본문과 동일한 텍스트 유형의 유사한 주제를 다룬 글을 통해 학습자가 스스로 심화학습을 할 수 있도록 구성하였다. 수업활동 이외에 학습자들의 개별학습을 위한 보조 자료로 활용될 수 있도록 유사한 난이도의 글을 선정하였으며, 마지막에 내용 이해의 질문을 수록하여 학습자들이 내용을 이해하는 데 도움이 되도록 하였다.

- 정답에는 어휘 연습과 내용 이해에 관한 모든 문제의 답을 제시하여 학습자가 혼자 공부하는 데 도움이 되도록 하였다.

- 어휘색인에서는 각 단원에서 다루어진 주요 어휘를 각각 가나다 순으로 정리하여 각 어휘가 제시되었던 쪽수와 함께 제시하였다.

- 출전에서는 본문과 말해봅시다/써봅시다, 더 읽어보기 등 '연세 한국어 읽기 6'에 제시된 모든 원저의 출전과 쪽수를 밝힘으로써 심화학습을 원하는 학습자들이 스스로 원전을 찾아 읽는 데 도움이 되도록 하였다.

차례

내용 구성

	제목	글제목	글쓴이	내용
01	시작과 만남	또 다른 시작	장영희	일상적 경험이나 감정이 드러난 경수필
		로스트로포비치 선생님과의 만남	장한나	
02	이해와 소통	점자들 속으로	나희덕	자아에 대한 성찰적 사유의 중수필
		사람과 사람 사이	법정	
03	세계는 하나	세계화의 이모저모	김세웅 강명옥	단락 구성과 요점이 명확한 설명문
		세계는 점점 같아지는가	유철인	
04	우리 땅에 서다	바람의 딸, 우리 땅에 서다	한비야	서사적 특성이 있는 기행문
		거제도 '황제의 길'	임동헌	
05	인간과 환경	지구야 고맙다	조홍섭	사회적인 문제에 관한 비판적인 글
		날씨도 사람 책임이다	정성희	
06	길거리와 문화	문화 유전자의 고밀도 집적회로 길거리	김찬호	글쓴이의 관점이 드러나는 문화에 관한 비평문
		서울 인사동	김진애	
07	영화로 본 한국	'웰컴 투 동막골'과 '분단 영화'를 보는 시각	이슈 투데이 편집국	글쓴이의 관점이 드러나는 영화에 관한 비평문
		영자와 엽기적인 그녀	이효인	
08	한국의 시	자화상	윤동주	심상과 시적 표현이 풍부한 한국의 현대 시
		이 시대의 죽음 또는 우화	오규원	
		남해 금산	이성복	
		다람쥐를 위하여	정현종	
		거꾸로 강을 거슬러 오르는 연어처럼	강산에	
09	소설 읽기와 세상 읽기 (1)	엘리베이터에 낀 그 남자는 어떻게 되었나	김영하	현대사회의 문제를 부각시킨 단편소설
10	소설 읽기와 세상 읽기 (2)	우리들의 행복한 시간	공지영	사회적 문제를 다룬 장편소설

제1과 시작과 만남

1. 여러분은 출발선 앞에 섰을 때 어떤 기분이 듭니까?

2. 다음은 새로운 시작을 의미하는 인용구입니다. 의미를 이야기해 보십시오.

- 시작이 반이다. – 한국 속담
- 인생이 그대를 속일지라도 슬퍼하거나 노하지 말라. – 푸쉬킨
- 내일은 내일의 태양이 떠오른다. – 마가렛 미첼 『바람과 함께 사라지다』

CD: 01

또 다른 시작

장영희

이제 한 해가 저물고 또 다른 해가 시작되고 있다. 생각해 보면 '또 다른'이라는 말은 참으로 신비한 말이다. 이제 연륜의[1] 바퀴를 다시 한 번 돌리기 시작해야 한다는 부담감과 함께 그래도 다시 시작할 수 있다는 여유와 이제 새롭게 시작하는 해는 과거보다 나으리라는 희망을 약속하는 말이다.

우리에게 영화로도 친숙한 마가렛 미첼의 『바람과 함께 사라지다』는 "내일은 내일의 태양이 떠오른다."라는 유명한 말로 끝나는 것으로 알려져 있지만, 사실 원문에는 "내일은 또 다른 하루의 시작이다."로 되어 있다. 남북전쟁의 패배로 인해 가문이 몰락하고[2] 과거의 부귀와 영화가 '바람과 함께 사라진' 남부의 한 여인의 삶을 그린 대작인데, 아름답고 콧대 높은 대지주의 딸 스칼렛 오하라는 이기적이고 기회주의적이지만 생기발랄하고[3] 자신의 꿈과 야망을 포기하지 않는 근성이[4] 있다. 질투와 이해관계 때문에 세 명의 남자와 결혼하지만, 결국 첫 번째와 두 번째 남편은 죽고 세 번째 남편 레트는 첫사랑 애슐리를 잊지 못하는 그녀를 버리고 떠난다. 스칼렛은 레트가 떠난 후에야 결국 자신이 진정 사랑하고 있는 사람은 레트였다는 것을 깨닫지만, 이미 때는 늦었다. 사랑도 재산도 모든 것을 잃어버린 스칼렛, 그러나 그녀는 자신의 땅 타라로 돌아가 새로운 삶을 시작하기로 결심한다.

「바람과 함께 사라지다」의 포스터

이 소설의 여주인공 스칼렛을 내가 사랑하는 이유는 상실과[5] 실패 속에서 오히려 더욱 강인하고 성숙해질 뿐 아니라 절망 속에서도 '또 다른' 시작을 할 수 있는 그녀의 능력 때문이다. 그

1) 연륜 : 한 해 한 해 쌓아올린 경험.

2) 몰락하다 : 지금까지 이어져 오거나 번영하던 것이 없어지거나 형편없어지다.

3) 생기발랄하다 : 활발하고 씩씩하며 활기차다.

4) 근성 : 어떤 일을 끝까지 해내려는 끈질긴 성질.

5) 상실 : 가지고 있는 성질, 기능, 가치 등을 잃어버리는 일.

리고 감히 나도 '다시 시작한' 경험이 있다고 말할 수 있다.

1985년 뉴욕주립대학에서 6년째 유학생활을 하던 나는 학위논문을 거의 마무리짓고 행복한 귀국을 꿈꾸고 있었다. 그런데 완성본을 제출하기 직전에 급히 LA의 언니네 집에 다녀올 일이 생겼다. 어차피 곧 떠날 것이므로 나는 그 동안 책상 위에 쌓였던 논문 초고들을[6] 다 버리고 – 기계치인 나는 컴퓨터 작업이 어려워 모든 작업을 전동타자기로 해결했다. – 최종본과 책과 옷 등 나의 전 재산을 가방 하나에 넣었다.

다시 돌아올 때 케네디 공항까지 차로 마중 나와 준 친구 집에 잠깐 들른 동안 막 커피를 마시려는데 이웃이 들어와 도둑이 친구 차의 트렁크를 열고 내 짐을 훔쳐 달아났다고 했다. 2년 동안의 노력을 순식간에 잃어버린 나는 그 자리에서 기절했다.

어떻게 올바니의 학교까지 돌아왔는지 기억이 없다. 기숙사 방문을 잠그고 꼼짝 않고 침대에 누워 있다가 닷새째쯤 되는 날 아침에 눈을 떴다. 발치의[7] 거울을 보니 헝클어진 머리에 창백한 유령 같은 모습이 나타났다. 그런데 참으로 신기하게도 내 속 깊숙한 데서 어떤 목소리가 속삭였다. '다시 시작하자, 다시 시작할 수 있어. 그래, 살아 있잖아…. 논문 따위쯤이야.' 그것은 분명 절대 절명의[8] 막다른 골목에 선 필사적[9] 몸부림이 아니었다. 조용하고 평화롭게 있는 그대로를 받아들이고 일어서는 숙명의 느낌, 아니, 예고 없는 순간에 절망이 왔듯이 어느새 예고 없이 찾아와서 다시 속삭여 주는 희망의 목소리였다.

이 경험을 통해서 나는 절망과 희망은 늘 가까이에 있다는 것, 넘어져서 주저앉아[10] 있기보다는 비틀거려도 다시 일어나 걷는 것이 편하다는 것을 배웠다. 그리고 나는 그 때 내게 '다시 시작할 수 있는' 힘을 준 것은 적어도 부분적으로는 내가 일생 동안 읽은 문학의 힘이라고 믿는다. 포크너의 말처럼 문학은 한 마디로 '인간이 어떻게 극복하며

6) 초고 : 나중에 잘 고쳐 쓰기로 하고 대충 쓴 원고.

7) 발치 : 발이 있는 쪽. 어떤 장소나 건물의 아랫부분이나 끝부분.

8) 절대 절명 : 목숨이 끊어질 정도로 중요하고 다급함.

9) 필사적이다 : 죽을 힘을 다할 정도로 애쓰다.

10) 주저앉다 : 힘없이 그대로 앉다. 하던 일을 중도에 포기하다.

살아가는가'의 기록이기 때문이다.

그렇게 우여곡절[11] 끝에 끝낸 논문이지만, 요새 재기발랄한[12] 신진 학자들이 새로운 이론으로 쓴 논문들에 비하면 어디 제대로 내놓을 만한 게 못 된다. 그래도 내가 여전히 자랑스러워하는 부분은 논문의 맨 첫 페이지이다. 헌정사에[13] 나는 '내게 생명을 주신 부모님께 이 논문을 바칩니다. 그리고 내 논문 원고를 훔쳐 가서 내게 삶에서 가장 중요한 교훈-다시 시작하는 법-을 가르쳐 준 도둑에게 감사드립니다.'라고 썼다.

새로운 해의 시작은 또 다른 시작을 의미한다. 지난해에 좌절하고[14] 실망하고 마음 아팠던 기억이 있다면 이제 다 뒤로 하고 다시 시작할 때다. "내일은 또 다른 하루의 시작이다"라면서 분연히[15] 일어나는 스칼렛처럼…. 독자 여러분, 더욱더 활기차고 복된 새해 맞이하세요!

11) 우여곡절 : 복잡하게 뒤얽힌 사연이나 과정.

12) 재기발랄하다 : 재주가 넘치며 활기차다.

13) 헌정사 : 예술 작품이나 글, 책 등을 그의 이름으로 만들어 바치는 글.

14) 좌절하다 : 뜻이나 기운이 꺾이다. 계획이나 일이 헛되이 끝나다.

15) 분연히 : 크게 힘을 내어.

• 글쓴이 소개

장영희(1952~2009)

서강대학교 영미어문 영미문화과 교수. 어릴 적 소아마비로 두 다리가 불편해져 장애인교수로 유명했다. 2004년 가을 척추암 선고를 받았던 그는 2005년 3월, 봄학기에 다시 강단에 복귀해 많은 이들에게 감동을 주었다. 저서로는 『문학의 숲을 거닐다』, 『살아온 기적, 살아갈 기적』 등이 있다.

어휘 연습

1. 단어의 알맞은 의미를 골라 연결하십시오.

1) 상실하다 •	• 어렵고 힘든 일을 이겨내다.
2) 좌절하다 •	• 가지고 있던 기능, 가치를 잃어버리다.
3) 극복하다 •	• 바로 서서 걷지 못하고 쓰러질 듯하다.
4) 주저앉다 •	• 뜻이나 기운 등이 꺾이다.
5) 비틀거리다 •	• 하던 일을 중도에 포기하고 그만두다./ 제자리에서 힘없이 그대로 앉다.

2. 빈 칸에 공통으로 들어갈 단어를 쓰십시오.

친숙하다	이기적이다	성숙하다	필사적이다	재기발랄하다

1) ㄱ. 명동 거리는 언제나 개성 있고 .... 은/ㄴ 젊은이들로 북적인다.
   ㄴ. 회사에도 .... 은/ㄴ 신입사원들이 많이 들어와 톡톡 튀는 아이디어로 회사의 분위기를 일신하고 있다.

2) ㄱ. 자기 의견을 자유롭게 표현할 수 있는 사회야말로 .... 은/ㄴ 사회이다.
   ㄴ. 그는 어려움을 겪고 나서 정신적으로 매우 .... 어졌다/아졌다/여졌다.

3) ㄱ. 그는 지면 죽는다는 .... 은/ㄴ 각오로 끝까지 버텼다.
   ㄴ. 부도 위기에서 벗어나기 위한 그의 .... 은/ㄴ 노력 덕분에 회사는 기적적으로 회생할 수 있었다.

4) ㄱ. 서로 외면한 채 담배만 피우던 두 노인은 어느덧 .... 어져서/아져서/여져서 얘기를 나누고 있었다.
   ㄴ. 모차르트의 음악은 어디서 많이 들어 본 듯한 .... 은/ㄴ 멜로디로 이루어져 있다.

5) ㄱ. 그는 자기밖에 모르는 ....은/ㄴ 사람이다.

ㄴ. ....은/ㄴ 태도를 보이던 그가 요즘은 봉사에 열을 올리고 있다.

3. 다음 문제를 보고 답을 쓰십시오.

1) 다음 중 '짓다'의 의미가 다른 것을 고르십시오.

(　　　)

❶ 종결짓다　　❷ 마무리짓다　　❸ 결론짓다　　❹ 한숨짓다

(　　　)

❶ 밥을 짓다　　❷ 옷을 짓다　　❸ 결말을 짓다　　❹ 약을 짓다

(　　　)

❶ 짝을 짓다　　❷ 미소를 짓다　　❸ 울상을 짓다　　❹ 표정을 짓다

2) 다음 설명이 의미하는 단어를 골라 쓰십시오.

초간본	중간본	개정본	원본	최종본

고치거나 번역하기 전의 원래 책. ....

이미 출판한 책을 다시 간행한 책. ....

출판한 책의 내용을 고쳐 다시 나온 책. ....

여러 번의 수정을 거쳐 마지막으로 완성한 책. ....

여러 차례 간행된 책에서 맨 처음 간행된 책. ....

3) 관계가 있는 것을 골라 연결하십시오.

술 마신 사람 •	• 으르렁거리다
귀고리, 목걸이, 댕기 •	• 나풀거리다.
아이의 눈, 하늘의 별 •	• 흔들거리다.
바람에 날리는 머리 •	• 반짝거리다.
사이가 안 좋은 두 사람 •	• 비틀거리다.

YONSEI KOREAN READING 6

내용 이해

1. 글쓴이가 이 글을 쓴 이유는 무엇일까요? (   )

❶ 새해에는 모든 것을 새로 시작해야 하므로

❷ 지난해의 실패를 다 잊는 것이 좋기 때문에

❸ 자신의 경험을 통해 새로운 시작을 격려하려고

❹ 좌절과 실패는 인생에서 늘 일어나는 일임을 말하려고

2. 다음은 이 글의 짜임을 정리한 것입니다. 빈 칸에 알맞은 말을 넣으십시오.

처음
- 또 다른 시작의 의미

다시 시작할 수 있다. 과거보다 나을 것이라는 희망이 있다.

중간
- 스칼렛 오하라에게서 배운 '또 다른 시작'

....

- 나의 '또 다른 시작'

....

....

끝
- 새해의 의미

또 다른 시작의 의미를 가지고 있다.

지난해의 좌절과 실망을 모두 잊고 새롭게 다시 시작하자.

3. 다음을 읽고 맞으면 O표, 틀리면 X표 하십시오.

1) 글쓴이가 스칼렛을 좋아하는 것은 그녀의 근성 때문이다. (   )

2) 컴퓨터가 고장 나서 논문 자료를 모두 잃었다. (   )

3) 글쓴이는 문학을 통해 다시 시작할 수 있는 힘을 얻었다. (   )

4) 글쓴이는 논문 내용이 매우 자랑스럽다. (   )

5) 글쓴이는 논문 헌정사에 도둑에게 감사하는 글을 썼다. (   )

써 봅시다

1. 좌절을 딛고 다시 시작한 여러분의 경험을 글로 쓰려고 합니다. 다음과 같이 글의 짜임을 완성해 보십시오.

제목 : 예) 나는 영원한 음치

처음
- 대한민국 사람은 모두 가수

  노래를 강요하는 여러 모임. 노래 못 하는 사람이 없어 괴롭다.

중간
- 나의 실패담

  노래방에서의 당황스러웠던 경험담.
- 나의 음치 탈출기

  여러 방법을 동원해 노력해도 늘지 않는 노래 실력.

끝
- 나의 계획

  절망이란 없다. 노래에 대한 나의 노력은 계속될 것이다.

제목 : ....

처음
- ....

  ....

중간
- ....

  ....
- ....

  ....

끝
- ....

  ....

2. 위의 짜임을 바탕으로 자신의 경험을 써 보십시오.

더 읽어보기

로스트로포비치 선생님의 눈물

장한나

선생님이 눈물을 흘리시는 모습은 처음 봤다. 5년 전 뉴욕에 연주하러 오신 첼리스트 로스트로포비치(Rostropovich) 선생님을 놀라게 해 드리려고 아무 연락 없이 무대 뒤로 불쑥 찾아갔다. 연주가 끝난 뒤 여느 때처럼 선생님의 사인을 받기 위해 많은 팬들이 줄을 서 있었다. 그 줄에 합류해서 기다리다가 내 차례가 되자 선생님께 연주 프로그램을 불쑥 내밀었다. 무심코 사인하려던 선생님은 고개를 들더니 나를 바라보셨다. 선생님은 환하게 웃음 짓다가 자리에서 일어나서 사인을 하던 책상 앞쪽으로 나오셨다. 내 얼굴을 응시하는 사이 미소는 눈물로 변했다. 그렇게 눈물을 흘리며 나를 안고 계시던 시간이 1분 정도 되는 것 같았다. 시끌시끌하던 무대 뒤편이 갑자기 조용해졌다.

11세 때인 1994년 10월 프랑스 파리에서 4년마다 열리는 선생님의 첼로 콩쿠르에 나갔다. 너무 어렸기 때문에 콩쿠르가 얼마나 중요한지, 상을 받는다면 어떻게 되는 건지 하는 생각도 없었다. 로스트로포비치 선생님께 내 연주를 들려 드리고 싶다는 마음뿐이었다. 나흘째 내 연주 순서가 왔다. 규정상 33세 미만은 모두 참여할 수 있었지만 첼로 콩쿠르에 나오는 사람들은 당시 나보다 덩치도, 나이도 2~3배 가량 많았다. 내가 예선에 연주하러 나오는 걸 보고 선생님께서는 "첼로가 혼자서 걸어 나오는 줄 알고 깜짝 놀랐다."고 나중에 말씀하셨다.

장한나

연주를 마치고 무대 뒤에 있는데 갑자기 선생님이 나타나셨다. 곧장 오시더니 번쩍 나를 들어서 안아 주며 "아주 잘 했다."며 머리를 쓰다듬어 주셨다. 현존하는 최고의 첼리스트가 다정다감한 할아버지로 변했다. 덕분에 2차 예선과 본선에서 모두 할아버지 앞에서 하듯이 편안한

YONSEI KOREAN READING 6

마음으로 연주에 몰입했고 1등상을 받았다. 시상식 후 자택에서 베푼 저녁식사 때 선생님은 “매달 4회 이상은 연주하지 말라.”는 말씀을 해 주셨다. 그리고 학교에서 충분히 시간을 갖고 다른 또래 친구들과 함께 성장하라고 강조하셨다. 이런 조언이 없었더라면 나는 공부할 틈이나 쉴 틈도 없이 연주하는 생활에 빨려 들어갔을 수도 있었을 것이다.

로스트로포비치

이듬해 2월에는 선생님께서 내 연주를 들으러 일부러 프랑스 칸에 오셨다. 저녁을 사 주겠다며 식당으로 데리고 가셨다. 첼로와 피아노의 위치에 대해서 상세히 설명을 해 주시고, 냅킨에 무대 위 배치도까지 그려 주셨다. 그때 첼로와 피아노가 하나의 소리로 객석에 전달이 되어야 한다는 큰 가르침을 주셨다. 지금도 냅킨은 잘 간직하고 있다. 식사가 끝난 뒤 내가 묵고 있는 숙소로 바래다 주셨는데, 헤어지기 싫어서 호텔 앞에서 선생님과 함께 양손을 잡고 춤췄던 기억이 생생하다. 그해 11월 선생님은 내 첫 녹음을 지휘하시겠다고 직접 나서 주셨다.

그 뒤 뉴욕, 워싱턴, 모스크바, 상트페테르부르크 등 선생님이 계신 곳으로 비행기 표를 사서 날아갔고, 닷새씩 호텔에 머무르며 매일 선생님께 3시간 정도의 레슨을 받았다. 15세 때였던 아주 추운 겨울 상트페테르부르크에서 마지막 레슨이 있었다. 마지막 연주를 하자 선생님께서는 “이제 음악의 열쇠를 네게 넘겨 준다.”고 하시며 “앞으로 나 자신을 포함해서 그 누구에게도 레슨을 받지 말라.”고 하셨다. 오히려 내가 함께 연주하는 훌륭한 지휘자들, 그리고 무대에 서는 경험을 통해 스스로 음악 세계를 열어 가라고 하셨다.

5년 전 뉴욕에서 생각지도 못했던 선생님의 눈물을 보며 다시 한 번 ‘스승의 마음’을 느낄 수 있었다. 선생님은 지난 4월 저세상으로 떠나셨다. 나는 지금 선생님의 눈물을 받기에 부족함이 없도록 끊임없이 성장하고, 선생님의 가르침과 사랑을 다른 사람들과 나누는 음악인이 되기 위해 매일 새로운 마음으로 나만의 싸움을 시작한다.

1. 장한나가 로스트로포비치를 만난 과정을 순서대로 정리해 보십시오.

2. 로스트로포비치 선생님의 눈물을 보고 장한나는 어떤 결심을 했습니까?

제2과 이해와 소통

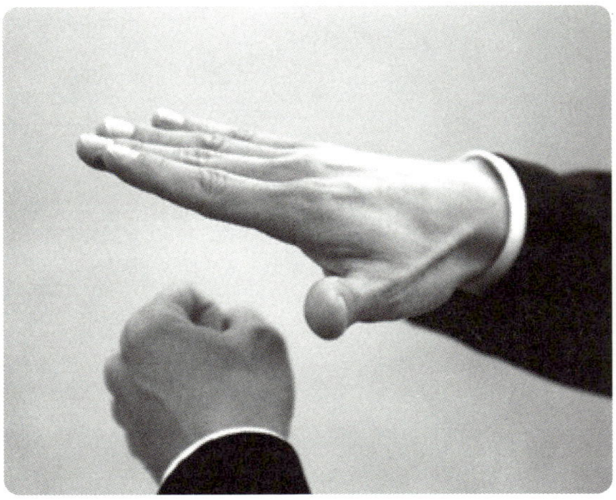

1. 점자나 수화를 아는 비장애인들을 보면 어떤 생각이 듭니까?

2. 사람과 사람의 관계에서 가장 필요하다고 생각하는 세 가지를 골라 보십시오.

이해 ☐	사랑 ☐	관심 ☐
협력 ☐	배려 ☐	희생 ☐
신뢰 ☐	인내 ☐	관용 ☐

점자들[1] 속으로

CD: 02

나희덕

점자용 종이에 격자판을 대고 펀치를 이용해 점자를 찍는 모습

스무 살 무렵 틈만 나면 점자책을 만들던 때가 있었다. 격자판과 펀치, 점자종이만 있으면 언제 어디서나 할 수 있는 일이었다. 우연한 기회에 어떤 사회복지관의 강습과정을 통해 수화와 점자를 배우게 되었다. 처음에는 점자기호가 익숙하지 않아 번번이[2] 교재를 들여다 보아야 했고, 잘못 찍을 때가 한두 번이 아니었다. 그러나 점차 숙달되어[3] 초등학교 교과서를 비롯해 쉬운 동화책, 아름다운 단편들, 나중엔 성경책까지 꽤 긴 분량도 소화할[4] 수 있게 되었다.

지금은 컴퓨터 덕분에 빠른 시간 내에 자동으로 점자화할 수 있게 되었다지만, 그때까지만 해도 점자를 익힌 사람들이 일일이 손으로 점자책을 만들지 않으면 안 되었다. 그러니 점자로 된 책이 턱없이[5] 부족할 수밖에 없었다. 카세트테이프에 책 내용을 녹음하는 방식에 비하면 시간도 오래 걸리고 번거로운 일이지만, 시각장애인들은 귀로 듣는 것보다 손으로 직접 읽는 것을 좋아한다고 한다. 우리가 눈으로 책을 읽듯이 그들 역시 아주 예민한 손끝으로 스스로 책을 읽으며 음미하고[6] 싶어하기 때문일 것이다. 그들의 손끝이 스쳐가는 것은 희미하게[7] 도드라진 점들의 집합에 불과하지만, 그 작은 점들을 통해서 만나는 세계는 결코 작지 않다.

점자를 많이 찍은 날에는 손에 굳은살이 박이거나 통증이 느껴지기도 했지만, 그 책을 받아서 손끝으로 읽어 갈 누군가를 생각하면서 점을 하나하나 찍다 보면 어느

---

1) 점자 : 지면에 볼록 튀어나오게 점을 찍어 손가락 끝의 촉각으로 읽을 수 있도록 만든 기호.

2) 번번이 : 일이 생길 때마다.

3) 숙달되다 : 어떤 특별한 일에 익숙해지다.

4) 소화하다 : 완전히 이해하여 자기 것으로 만들다.

5) 턱없이 : 너무. 대단히.

6) 음미하다 : 내용이나 속뜻을 깊이 새겨 가며 감상하거나 따져 보다.

7) 희미하다 : 뚜렷하지 않고 어렴풋하다.

새 몇 시간이 훌쩍 지나 있곤 했다. 그것은 마치 수틀을 앞에 두고 한 땀 한 땀 무언가를 수놓아 가는 일과도 같았다. 누구를 위해 봉사한다는 생각보다는 그저 그 일이 즐거웠을 뿐이다. 세상에 한 권밖에 없는 책을 만든다는 즐거움에 나는 수공업자라도 된 듯이 그 일에 몰두했다.[8)]

그러면 그 점들이 또 하나의 세상과 통하는 통로처럼, 낯선 그들과 나를 연결해 주는 어떤 끈처럼 느껴지기도 했다. 지금은 글을 쓰는 사람으로 살아가고 있지만, 그 시절 나는 막연하게나마[9)] 장애인과 함께 살아가고 싶다는 생각을 키워 가고 있었다. 그러기 위해서는 먼저 그들이 쓰는 언어를 알아야 한다고 생각했다. 자라면서 배운 언어가 아닌 또 하나의 언어를 배운다는 것, 그것은 다른 세계와 만나기 위한 하나의 준비이기도 했다. 그것이 비록 아주 단순하고 지루한 기호들의 나열이라 할지라도, 점자라는 언어를 통해 나는 세상이라는 텍스트를 새로운 방식으로 읽고 싶었던 것이리라.

그러나 점자 찍는 일이 아무리 익숙해져도 점자를 손으로 읽는 일은 마음먹은 대로 되지 않았다. 눈을 뜨고는 점자를 술술[10)] 읽을 수 있지만, 막상 눈을 감고 점자 위에 손을 얹으면 내 손끝은 그렇게 무디고[11)] 어두울 수가 없었다.

그러면서 나는 절감했다.[12)] 빛에 익숙해진 눈으로 누군가의 어둠을 이해한다는 일이 얼마나 불가능에 가까운 일인지를. 손끝이 눈동자처럼 예민해지기까지 그들이 얼마나 암흑 속에서 발버둥 쳐야[13)] 했는지를. 그 칠흑 같은 암흑을 제대로 겪어 보지도 못하고 그들의 언어를 읽으려 했던 나의 시도가 얼마나 오만에[14)] 찬 것이었는지를. 끝내 나는 눈으로 읽는 자였던 것이다.

이러한 절망 역시 눈먼 사람이 듣는다면 배부른 소리라고 할지도 모르겠다. 그러나 세상은 눈만으로 보는 것이 아님을 느낄 때가 많다. 눈으로 볼 수 없는 것들이 너무나 많다. 눈을 뜨고도 마음의 눈이 멀어버린 사람에 비하면 육신의 눈이 어두운 사람이 덜 불행할지도 모른다는 생각이 들기도 한다. 두 눈으로 인해 생겨나는 수많은 욕망과 분열을 생각해 본다면, 두 눈은 사람에게 주어진 축복이자 가장 큰 짐이라는

8) 몰두하다 : 한 가지 일에만 집중하여 온 정신을 기울이다.

9) 막연하다 : 분명하지 못하고 희미하다.

10) 술술 : 거침없이 잘 나오는 모양.

11) 무디다 : 느끼거나 깨닫는 힘이 약하다.

12) 절감하다 : 마음 깊이 절실하게 느끼다.

13) 발버둥 치다 : 어떤 일을 이루려고 갖은 애를 쓰다.

14) 오만 : 잘난 체하며 남을 무시하는 태도.

것을 부정할 수 없다.

연암 박지원의 산문 중에 이런 얘기가 나온다. 화담 서경덕 선생이 길을 가다가 집을 잃고 울고 있는 어떤 사람을 만났다. 왜 울고 있느냐는 선생의 말에 그가 울면서 대답하기를, "저는 다섯 살 때 눈이 멀어서 이십 년 동안이나 앞을 보지 못하고 살아왔습니다. 그런데 오늘 아침 밖에 나왔다가 홀연히[15] 세상이 밝게 보이기에 영문을 모르고 기뻐했습지요. 신기해서 사방을 구경하다가 이제 집으로 돌아가려 하는데, 길은 여러 갈래요, 대문들은 비슷비슷해서 도무지 어디가 어딘지 분간할[16] 수가 없습니다. 그래서 이렇게 울고 있습니다." 이 말을 듣고 화담 선생은 집으로 돌아갈 수 있는 방법을 일러 주었다. "잘 들어라. 도로 눈을 감아 보아라. 그리고 지팡이를 두드리며 걷다 보면 곧 너의 집이 나올 것이다." 그래서 그 눈먼 사람은 늘 하던 대로 다시 눈을 감고 지팡이를 두드리며 걸어가 집을 찾아갈 수 있었다고 한다.

그렇게 소원하던 대로 눈을 뜨게 된 사람에게 도로 눈을 감으라는 화담 선생의 말은 언뜻[17] 현실성이 없게 들리기도 한다. 이 이야기는 정작 눈먼 사람들보다는 두 눈을 뜨고 살면서도 앞을 제대로 분간할 줄 모르는 사람들에게 들려 주는 말이라고 봐야 할 것이다. 눈앞의 현실이 혼미해질수록[18] 다시 눈을 감고 평상심을[19] 되찾으라고 말이다. 그러면서 이 이야기는 우리에게 참으로 본다는 것이 무엇인가를 다시 묻게 한다.

옛 기억으로 다시 돌아가 내가 언제부터 점자책과 멀어지게 되었는가 생각해 보면, 그것은 내가 '본다'는 사실을 의심도 가책도[20] 없이 받아들이면서부터였던 것 같다. '또 다른 봄'의 언어를 잊고 내 언어에만 익숙해지면서부터, 다른 언어에 길들여지지[21] 않는 자신을 더 이상 불편해하지 않으면서부터, 그리고 손끝을 세우고 기다리

15) 홀연히 : 뜻하지 않게 갑자기.

16) 분간하다 : 사물의 옳고 그름, 좋고 나쁨 등을 헤아려 가려내다.

17) 언뜻 : 우연히. 잠깐. 문득. 별안간.

18) 혼미해지다 : 일이나 현상이 복잡하여 갈피를 잡을 수 없게 되다.

19) 평상심 : 늘 있는 보통 상태의 마음.

20) 가책 : 자기가 저지른 잘못을 깨달아 스스로 책망하는 것.

21) 길들여지다 : 어떤 일에 익숙해지다.

는 어떤 사람들을 점차 잊게 되면서부터...... 그러면서부터였을 것이다.

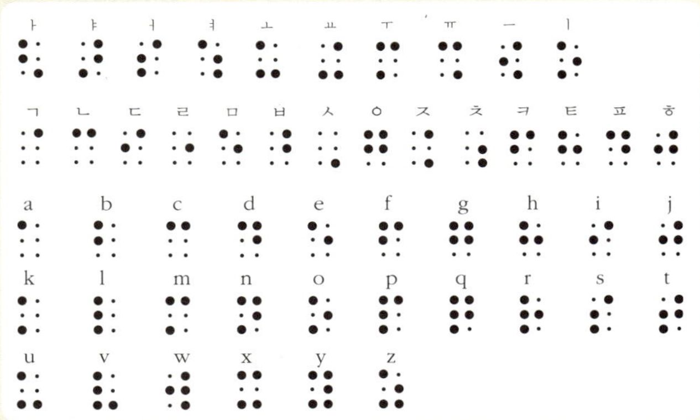

한글과 영어의 점자

대학 졸업 후 지방 소도시에 고등학교 교사로 취직이 되어 서울을 떠나게 되었다는 것, 국문과를 졸업한 나로서는 원한다 해도 바로 장애인들과 관련된 일을 얻을 수 없었다는 것, 시 쓰는 일에 십 년이 되도록 발목이 잡혀 있다는 것, 이젠 세상이 좋아져서 손으로 만든 점자책 따위는 필요 없어졌다는 것, 이런 핑계들을 나는 가지고 있다. 꿈꾸었지만 가지 못했던 길과 지금 걸어가고 있는 길에 대해 그렇게 둘러대면서 살아왔다.

그러나 그런 핑계들 위로 한 덩이의 진흙이 던져진다.

"도로 눈을 감아 보아라. 그리고 지팡이를 두드리고 걷다 보면 곧 그곳이 나올 것이다. 네 마음의 눈을 땅에 떨어뜨렸던 그곳이."

까마득하게[22] 잊고 있었던 스무 살 무렵의 기억이 불현듯[23] 떠오른 것은 연초에 한 어른께서 손수 써 보내신 글 때문이었다. 득안(得眼)이라는 말. 문학에서 '눈'을 얻는 것이 가장 중요하다는 말씀과 함께 보내신 '득안'이라는 두 글자를 펴 놓고 있자니, '눈'이라는 말이 마음을 무겁게 만든다. 문학의 눈을 얻기 이전에 한 인간으로서 내가 대체 무얼 보고 살아왔나 싶기도 하고, 그것을 또 뭐라고 언어로 남겼나 싶기도 해서. 참된 눈을 얻는 일은 까마득하기만 하고 아직도 눈먼 짐승처럼 살아가는 하루하루가 힘겹기도 해서.

득안. 스무 살 때 내 영혼이 들락거리던[24] 그 작은 점자들에게로 돌아가 빛과 어둠에 관해 다시 물어보아야 할 것 같다.

---

22) 까마득하다 : 아주 멀거나 오래 되어서 아득하다.

23) 불현듯 : 뜻하지 않게 갑자기.

24) 들락거리다 : 자꾸 들어왔다 나갔다 하다.

• 글쓴이 소개

나희덕(1966~)

조선대학교 교수로 1989년 중앙문예 '뿌리에게' 로 등단하였다. 뛰어난 언어적 감각으로 인간 현실의 문제에서부터 존재의 심연까지 다양한 영역을 시적으로 형상화하고 있다. 2007년 소월시문학상 대상을 수상하였다.

어휘 연습

1. 알맞은 단어의 의미를 골라 연결하십시오.

1) 분간하다 •	• 한 가지 일에 집중하다.
2) 절감하다 •	• 사물의 옳고 그름, 좋고 나쁨을 가리다.
3) 예민하다 •	• 분명하지 못하고 희미하다.
4) 몰두하다 •	• 마음 깊이 절실하게 느끼다.
5) 막연하다 •	• 자극에 대한 반응이 빠르다.

2. 빈 칸에 공통으로 들어갈 단어를 쓰십시오.

소화하다	무디다	희미하다	길들이다	발버둥 치다

1) ㄱ. 안개가 끼어서 시야가 .... 었다/았다/였다.
   ㄴ. 그를 보자 옛 기억이 .... 게 떠올랐다.

2) ㄱ. 개나 고양이를 .... 으려면/려면 오랜 시간과 인내가 필요하다.
   ㄴ. 한국음식에 완전히 .... 어져서/아져서/여져서 이젠 김치가 없으면 밥을 못 먹는다.

3) ㄱ. 음식을 체내에서 .... 으면/면 에너지의 형태로 몸에 축적된다.
   ㄴ. 이 피아노곡은 아무나 .... 을/ㄹ 수 없는 곡이다.

4) ㄱ. 물에 빠진 그녀는 가라앉을까 봐 .... 었다/았다/였다.
   ㄴ. 우리는 급속한 경제 성장 속에서 자신을 돌아볼 여유도 없이 .... 으면서/면서 살아왔다.

5) ㄱ. .... 은/ㄴ 칼을 사용하면 손을 다치기 쉽다.
   ㄴ. 오랫동안 야구연습을 안 했더니 감각이 .... 어졌다/아졌다/여졌다.

3. 다음 문제를 보고 답을 쓰십시오.

1) '술술'과 같이 쓸 수 있는 표현을 모두 고르십시오.

말이 나오다	☐	문제가 풀리다	☐
소금을 뿌리다	☐	수영을 하다	☐
마음을 먹다	☐	경기에서 이기다	☐
식사를 하다	☐	바람이 들어오다	☐

2) 알맞은 단어를 찾아 써 넣으십시오.

오만	희망	분노	절망	슬픔

- 그의 표정은 모든 사람들을 무시하는 듯한 (　　　　)에 찬 표정이었다.
- 이번 시위는 정부의 잘못된 정책에 대해 시민들의 (　　　　)이/가 폭발한 것이다.
- (　　　　)에 젖은 그의 눈에서 눈물이 하염없이 흘러내렸다.
- 연이은 낙방으로 (　　　　)에 빠진 그는 급기야 자살을 시도하고 말았다.
- 계속되는 불경기는 (　　　　)에 부풀어 있는 젊은이들의 사기를 꺾고 있다.

3) 보기와 같이 연결하여 문장을 만드십시오.

눈물-겹다　　그의 눈물겨운 노력은 결국 쓰러져가는 회사를 살려냈다.

흥　　..

힘　　..

내용 이해

1. 글쓴이가 이 글을 쓴 목적은 무엇일까요? (　　　)

❶ '본다는 것'의 참된 의미를 다시 찾기 위해서
❷ 점자와 장애인에 대한 관심을 촉구하기 위해서
❸ 봉사하는 삶을 살지 못한 자신을 반성하기 위해서
❹ 장애인과 비장애인들의 소통과 이해를 돕기 위해서

2. 다음은 이 글의 짜임을 정리한 것입니다. 빈 칸에 알맞은 말을 넣으십시오.

처음
- 점자를 접하게 된 배경

  사회 복지관에서 강습을 받으면서 점자를 접하게 되었다.

중간
- 점자책을 만들고 싶었던 이유

  ………………………………
- 점자를 읽기 어려웠던 이유

  ………………………………
- 화담 서경덕 선생의 일화

  ………………………………

끝
- 점자와 멀어진 이유

  내 언어에만 익숙해져서 장애인들을 서서히 잊게 되었다.
  취직, 전공, 직업 때문에 멀어졌다.
  손으로 점자책을 만들 필요가 없다.
- 나의 깨달음

  ………………………………

3. 다음을 읽고 맞으면 O표, 틀리면 X표 하십시오.

1) 글쓴이는 처음에는 점자를 찍는 일에 서툴렀다. (　　　)

2) 글쓴이는 자신이 참된 마음의 눈을 얻었다고 생각한다. (　　　)

3) 글쓴이는 점자책을 만드는 일에 다시 관심을 가질 것이다. (　　　)

이야기해 봅시다

1. 다음 이야기를 읽어 보십시오.

북향 언덕의 토끼

옛날에 남향의 따뜻한 언덕에 사는 토끼와 북향의 춥고 음산한 언덕에 사는 토끼가 있었다. 그 두 토끼 중 어느 토끼가 먼저 봄이 온 걸 알고 뛰어나올 것인가? 남향의 토끼는 건너편인 북쪽 비탈에 아직도 눈이 쌓여 있는 걸 보고 봄이 아직 멀었다고만 여겨 들어앉아 있었다. 반면 북향의 토끼는 남쪽 비탈에 피어난 파릇한 봄의 정경을 보고 껑충 뛰어나와 봄을 맞을 수 있었다.

『반통의 물』에서

2. 다음은 윗글에 대한 두 가지 해석입니다. 다음 해석에 대한 여러분의 생각은 어떻습니까?

[해석 1]

사람은 누구나 자신의 환경에 만족하지 못하고 늘 벗어나고 싶어 하기 때문에 멀리 있는 목표를 바라보면서 현재의 삶을 견딘다. 남향 토끼는 현실에 만족하지 못해 북향을 바라보았을 것이고 북향 토끼는 그 반대로 남향을 바라보았을 것이다. 그래서 남향을 바라보고 있던 북향 토끼가 먼저 나온 것이다.

[해석 2]

추위와 굶주림에 시달리던 북향 토끼는 누구보다 간절히 봄을 기다렸기 때문에 빨리 봄을 발견했을 것이다. 상대적으로 편안했던 남향 토끼는 봄을 기다림에 있어 북향 토끼만큼 적극적일 필요가 없었을 것이므로 현실에 안주했을 것이다.

더 읽어보기

사람과 사람 사이

법정

한 경제 연구소가 전국 3천 1백 8가구, 7천 4백 95명을 조사 대상으로 고정시켜, 지난 93년부터 매년 가구당 경제활동을 조사하여 최근 그 결과를 발표한 바 있다. 특히 도시 지역에서는 이웃과의 단절현상이 두드러져서 주민의 절반 정도가 하루에 한 번도 이웃과 접촉 없이 생활하고 있다고 한다. 이웃과 마주치더라도 인사는커녕 얼굴을 돌리며 외면하기 일쑤다. 이게 우리 시대의 차디차고 무표정한 세태이다. 바로 이웃에 살면서도 벽과 담으로 갈라 놓은 주거형태가 사람한테서 인사와 표정을 앗아간 것이다. 굳이 이런 조사 보고가 아니더라도, 오늘날 우리들은 도시나 농어촌을 가릴 것 없이 따뜻하고 정다운 인간적인 속성에서 점점 벗어나고 있는 현실이다. 날이 갈수록 사람과 사람 사이가 멀어져만 간다.

다른 한편, 자주 만나 이야기하면서도 그저 건성으로 스치고 지나가는 일은 없는가? 가족 사이가 됐건 혹은 친구 사이가 됐건 너무 자주 만나기 때문에 으레 당연하게 여기고 범속해지는 일은 없는가? 일이 있건 없건 걸핏하면 습관적으로 전화를 걸고, '띵동' 하고 찾아가는 것도 우정의 밀도에 어떤 몫을 할 것인지 생각해 볼 일이다. 무료하고 심심하니까 그저 시간을 함께 보내기 위해서 친구를 찾는다면 그건 '우정'일 수 없다. 시간을 죽이기 위해 찾는 친구는 좋은 친구가 아니다. 시간을 살리기 위해 만나는 친구야말로 믿을 수 있는 좋은 친구 사이이다.

친구 사이의 만남에는 서로 영혼의 메아리를 주고받을 수 있어야 한다. 너무 자주 만나게 되면 상호간에 그 무게를 축적할 시간적인 여유가 없다. 멀리 떨어져 있으면서도 마음의 그림자처럼 함께 할 수 있는 그런 사이가 좋은 친구일 것이다. 만남에는 그리움이 따라야 한다. 그리움이 따르지 않는 만남은 이내 시들해지게 마련이다.

우리가 세상을 살아가면서 가장 기쁜 일이 있을 때, 혹은 가장 고통스러울 때, 그 기쁨과 고

통을 함께 나눌 수 있는 그런 사이가 좋은 인간관계이다.

진정한 친구란 두 개의 육체에 깃들인 하나의 영혼이란 말이 있다. 그런 친구 사이는 공간적으로 멀리 떨어져 있을지라도 결코 멀리 있는 것이 아니다. 바로 지척에 살면서도 일체감을 함께 누릴 수 없다면 그건 진정한 친구일 수 없다.

사랑이 맹목적일 때, 즉 사랑이 한 존재의 전체를 보지 못하는 동안에는 관계의 근원에 도달하지 못한 것이다. 열 길 물속은 알아도 한 길 사람 속은 알 수 없다는 옛말은, 세월의 여과 과정을 거치면 관계의 실상이 이내 드러나게 된다는 소리이다. 인간관계의 뿌리를 이루고 있는 예절과 신의는 어느 한때만 가지고는 헤아릴 수 없다. 시간이 지나가면 그 사람의 본바탕이 드러나게 마련이다. 아무리 그럴듯하게 생긴 상대일지라도 속에 든 것이 바닥나 버리거나 신의가 없으면 번데기처럼 시시한 대상이 되고 만다. 그러나 지극히 평범한 상대일지라도 어느 날 문득 자신이 가장 소중하게 여기고 있는 일에 대해서 지대한 관심을 가지고 열정적으로 이야기를 나누게 되면 그가 새롭게 돋보인다.

진정한 만남은 상호간의 눈뜸(開眼)이다. 영혼의 진동이 없으면 그건 만남이 아니라 한때의 마주침이다. 그런 만남을 위해서는 자기 자신을 끝없이 가꾸고 다스려야 한다. 좋은 친구를 만나려면 먼저 나 자신이 좋은 친구감이 되어야 한다. 왜냐하면 친구란 내 부름에 대한 응답이기 때문이다. 끼리끼리 어울린다는 말도 여기에 근거를 두고 있다.

이런 시구가 있다.

사람이 하늘처럼 맑아 보일 때가 있다.
그때 나는 그 사람에게서
하늘 냄새를 맡는다...

사람한테서 하늘 냄새를 맡아 본 적이 있는가. 스스로 하늘 냄새를 지닌 사람만이 그런 냄새를 맡을 수 있을 것이다.

인간관계에서 권태는 시간적으로나 공간적으로 늘 함께 있으면서 부딪친다고 해서 생기는 것만은 아니다. 창조적인 노력을 기울여 변화를 가져오지 않고, 그저 맨날 비슷비슷하게 되풀이되는 습관적인 일상의 반복에서 삶에 녹이 스는 것이다. 아름다움을 드러내기 위해 가꾸고 다듬는 일도 무시될 수 없지만, 자신의 삶에 녹이 슬지 않도록 늘 깨어 있으면서 안으로 헤아리고 높이는 일에 보다 근본적인 노력이 뒤따라야 한다.

생각과 영혼에 공감대가 없으면 인간관계가 투명하고 살뜰해질 수 없다. 따라서 공통적인 지적 관심사가 전제되어야 한다. 모처럼 친구끼리 만나서 이야기를 나누면서도 공통적인 지적 관심사가 없기 때문에 만남 자체가 빛을 잃는 일이 얼마나 많은가? 끊임없이 탐구하는 사람만이 지적 관심사를 지닐 수 있다. 사람은 저마다 따로따로 자기 세계를 가꾸면서도 공유(共有)하는 만남이 있어야 한다. 칼릴 지브란의 표현을 빌리자면 '한 가락에 떨면서도 따로따로 떨어져 있는 거문고 줄처럼' 그런 거리를 유지해야 한다. 거문고 줄은 서로 떨어져 있기 때문에 울리는 것이지 함께 붙어 있으면 소리를 낼 수 없다. 공유하는 영역이 넓지 않을수록 깊고 진하고 두터워진다. 공유하는 영역이 너무 넓으면 다시 범속에 떨어진다.

행복은 더 말할 것도 없이 절제에 뿌리를 두고 있다. 생각이나 행동에 있어서 지나친 것은 행복을 침식한다. 사람끼리 만나는 일에도 이런 절제가 있어야 한다. 행복이란 말 자체가 사랑이란 표현처럼 범속으로 전락된 세대이지만, 그렇다 하더라도 행복이란, 가슴속에 사랑을 채움으로써 오는 것이고, 신뢰와 희망으로부터 오고, 따뜻한 마음을 나누는 데서 움이 튼다. 그러니 따뜻한 마음이 고였을 때, 그리움이 가득 넘치려고 할 때, 영혼의 향기가 배어 있을 때 친구도 만나야 한다. 습관적으로 만나면 우정도 행복도 쌓이지 않는다.

혹시 이런 경험은 없는가? 텃밭에서 이슬이 내려앉은 애호박을 보았을 때, 친구한테 따서 보내주고 싶은 그런 생각 말이다. 혹은 들길이나 산길을 거닐다가 청초하게 피어 있는 들꽃과 마주쳤을 때, 그 아름다움의 설레임을 친구에게 전해주고 싶은 그런 경험은 없는가? 이런 마음을 지닌 사람은 멀리 떨어져 있어도 영혼의 그림자처럼 함께할 수 있어 좋은 친구일 것이다. 좋은 친구는 인생에서 가장 큰 보배이다. 친구를 통해서 삶의 바탕을 가꾸라.

1. 글쓴이가 생각하는 진정한 만남이란 무엇입니까?

2. 인간관계가 권태에 빠지지 않도록 하기 위해서는 어떤 노력을 해야 합니까?

제3과 세계는 하나

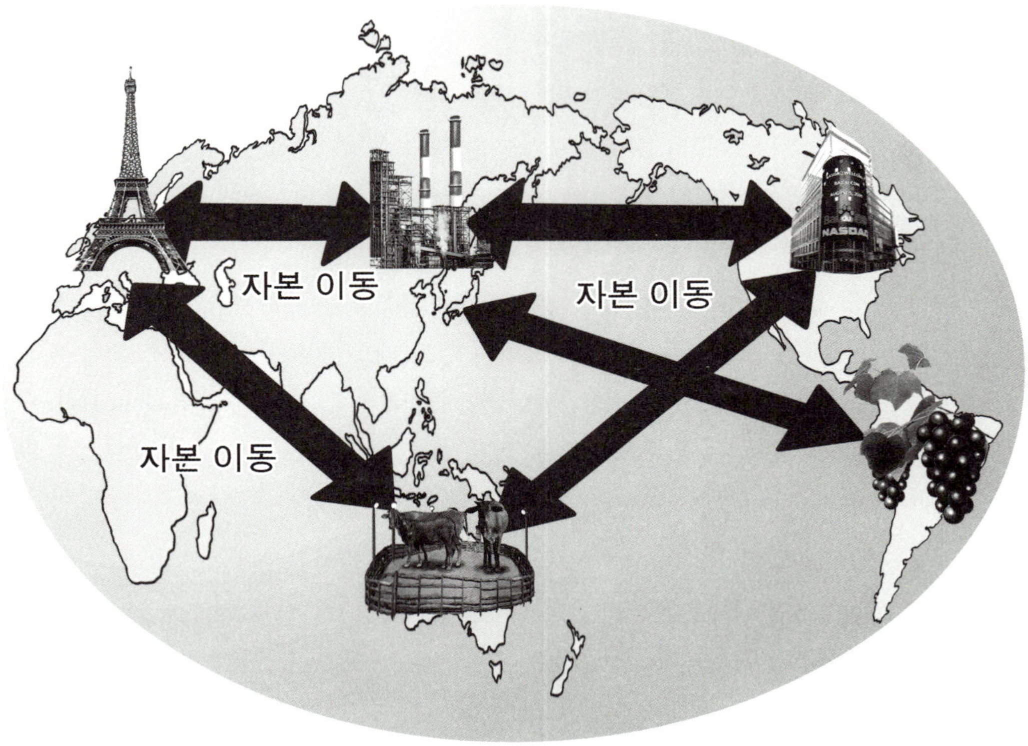

1. 위의 그림은 세계화 중 무엇의 예를 말하고 있습니까? 세계화의 또 다른 예에는 어떤 것이 있을까요?

2. 다음 중 어떤 것이 세계화와 관계가 있겠습니까? 이야기해 보십시오.

- 국가가 경제 정책에 많은 간섭을 한다. ☐
- 시장의 자유로운 경쟁을 보장한다. ☐
- 국경에 상관없이 자본이 이동한다. ☐
- 초국가적 기업이 등장한다. ☐
- 국가가 수출입을 통제한다. ☐
- 인권을 중요시한다. ☐

CD: 03

세계화의 이모저모

김세웅, 강명옥

어떤 사람들은 우리가 국제화 시대에 살고 있다고 하고, 어떤 사람들은 그 단계를 지나 이미 세계화 시대에 살고 있다고 한다. 국제화 시대에 살고 있다고 하던 것이 엊그제 같은데, 이미 세계화 시대가 왔다고 하니 어리둥절하다는[1] 생각이 들기도 한다. 사실 세계화라는 말은 이제 우리에게 익숙한 단어가 되었다. 그러나 이 말이 무엇을 가리키는가에 대해서는 빨리 이해가 되지 않는 측면이 있다. 우선 세계화란 무엇인가를 알아보기로 하자.

지금까지 우리의 활동에 기본적인 경계가 되었던 국경을 넘어 지구 전체가 하나의 단위로 변하는 추세나[2] 과정을 세계화(Globalization)라고 정의할 수 있다. 세계화라는 말 대신 지구화라고 쓰는 경우도 많다.

그렇다면 세계화는 언제 시작되었을까? 동양에서는 진시황제가, 서양에서는 알렉산더 대왕이 천하통일을 꿈꾸었다. 이 두 사람이 활동했던 시기가 공교롭게도[3] 비슷한 시기인 기원전 4세기이다. 세계화는 아마도 이때부터 이미 시작되었다고 보는 것도 일리가 있다. 어떤 이들은 산업혁명으로 세계화가 시작되었다고 하기도 한다.

그러나 현재 우리가 일상에서 말하고 있는 세계화는 길어야 최근 몇 십 년의 일이다. 1970~80년대에는 국가가 아닌 인류의 관점에서 환경파괴, 전쟁, 빈곤 등의 지구적 문제를 해결해야 한다고 하여 "지구적으로 생각하고 지방적으로 행동한다"는 표어가 등장하기도 하였다.

미국의 증권 거래소

1990년대에는 경제를 중심으로 세계화가 가속화되었다. WTO의[4] 성립과 이에 따른 무역과 서비스의 자유화는 우리의 중소기업 제품이 지구 반대편의 중소기업 제품과 경쟁하는 양상을[5] 초래하였다. 세계의 거의 모든 나라들에 적용되는 WTO 규정은 우리 농민들의 생계에도 커다란 영향을 미치게 되었다.

1) 어리둥절하다 : 당황스럽거나 정신이 없다.

2) 추세 : 세상 일이 되어 가는 형편.

3) 공교롭다 : 우연스럽다.

4) WTO: World Trade Organization의 약자. 세계무역기구. 무역과 관련된 국가 간의 경제 분쟁을 조정하고 해결하는 국제기구.

5) 양상 : 나타난 모습이나 모양.

1997년 우리나라의 금융위기 때는 국제통화기금[6](IMF : International Monetary Fund)이 직접 우리나라의 경제 운용에[7] 개입하였다. 우리나라의 주식시장이 미국의 나스닥 시장이나 동경의 증권시장의 영향을 받고, 시장에 대한 외국인 투자자의 영향력이 커졌다. 이 모든 것이 우리가 일상적으로 겪고 있는 세계화의 징표들이다.[8] 세계화는 이제 기업인은 물론이고 도시의 근로자, 농민, 어민, 공무원 등 거의 모든 사람들의 생활에 영향을 미치고 있다. (중략)

세계화의 다양한 모습은 우리의 일상생활에 끊임없이 영향을 미치고 있다. 때로는 우리가 알지도 못하는 사이에 우리를 부유하게 하기도 하고, 가난하게 만들기도 한다. 나아가서는 우리의 도덕적 기준과 행동양식까지[9] 변화시킨다.

가장 먼저 우리에게 다가오는 현상은 커뮤니케이션의 발달이다. 컴퓨터 네트워크, 전화통신, 대중매체 등을 통하여 국경에 상관없이 세계의 어느 곳에도 실시간으로 접촉할 수 있다. 정보통신 기술의 눈부신 발전이 만들어낸 작품이다. 이라크에서의 전쟁 장면을 세계 각국의 안방에서 생생하게 볼 수 있는 세상이 되었다.

미국이나 아프리카의 어느 나라에서 우리나라의 인터넷 뉴스를 실시간으로 보고 우리나라의 은행 계좌에 대한 인터넷 뱅킹이 실시간으로 이루어지고 있다. 정보통신 기술 발달의 효과가 인터넷을 통하여 전 세계의 평범한 사람들에게 어떠한 영향을 주고 있는가를 보면 이 부문의 세계화가 얼마나 우리에게 광범위하게 그리고 가깝게 다가와 있는가를 알 수 있을 것이다. 결국 정보통신 기술의 발달은 세계화를 위한 가장 원천적인[10] 동력이라고 할 수 있다.

2004년 한 · 칠레 무역협정 후 수입된 와인과 포도

WTO의 출현에 의한 세계 무역자유화도 세계화의 중요한 모습의 하나다. WTO 규정은 이제 명실 공히[11] 세계 전체를 관통하

6) 국제통화기금 : 세계무역 안정을 목적으로 설립한 국제금융기구로서 외환시세 안정이나 자금을 국가에 빌려주는 등의 일을 하고 있다.

7) 운용 : 물건이나 제도를 적절하게 사용함.

8) 징표 : 구별되는 표시.

9) 양식 : 일정한 형식.

10) 원천적 : 근본적인 것.

11) 명실 공히 : 소문과 사실이 모두 같게.

는[12] 무역법이 되었다고 할 수 있다. 경제의 세계화를 이끄는 양대 축인 무역과 금융의[13] 세계화 중에서 무역의 세계화는 WTO를 통하여 가능하게 되었다고 해도 과언이 아니다.

우리의 눈에 잘 보이지 않는 금융의 세계화도 놀라울 정도다. 2004년도의 경우 하루 평균 전 세계 교역량이 약 250억 달러 정도인데, 외환거래와 주식 거래를 합한 국제금융시장의 하루 평균 금융거래 총액이 2조 달러를 넘어섰다고 한다. 실물 거래와 상관없는 금융 자체의 거래가 실물 거래의 약 100배에 이르는 셈이다. 특히 단기 자금들은 돈 되는 곳이면 마치 생선 떼가 움직이듯이 순식간에 이동하여 간다. 금융의 세계화를 실감할 수 있다. 1997년 우리의 IMF 사태도 금융 세계화의 한 단면이었다.[14]

다음으로는 다국적 또는 초국적[15] 기업들의 생산 활동을 통한 세계화다. 삼성전자가 우리나라에 기반을 둔 기업임이 분명한데, 우리는 국내에서 판매되는 삼성 노트북, 디지털 카메라 등의 상당 부문이 중국산이라는 것을 잘 안다. 소니, 토시바 등 일본의 브랜드도 이제 일본에서 생산되는 상품을 찾기가 쉽지 않게 되었다. 중국에서 생산되는 삼성 노트북은 분명히 Made in China이다. 그러나 그 안의 부품은 말 그대로 다국적이다. 이제 기업은 자본, 노동력, 시장 등의 조건에 따라 이윤을 낼 수 있는 최적지를 찾아다닌다.

마지막으로 문화, 예술, 스포츠의 세계화다. 정보통신 기술의 발달로 세계의 많은 지역에서 똑같은 영화, 똑같은 텔레비전 프로그램, 똑같은 스포츠 경기를 관람하는 것이 일상화되었다. 미셸 위의 골프 경기를 미국, 유럽, 일본, 한국 등에서 동시에 볼 수 있고, 그의 인기가 어느 곳에서나 한결같이[16] 높다는 것도 확인할 수 있다. 좁아진 세계에서 살고 있다는 것이 실감난다.

아시아에서 인기가 있었던 한국 드라마

세계화 시대의 주역으로 등장한 것은 초국적 기업, 금융조직, 국제적 NGO[17], 다양한 성격의 국제

---

12) **관통하다** : 여러 개의 것을 하나가 공통으로 꿰뚫다.

13) **금융** : 돈이나 자본이 들어오고 나가게 하는 일.

14) **단면** : 어떤 전체 현상을 가장 잘 보여 줄 수 있는 한 부분.

15) **초국적** : 국가를 초월함.

16) **한결같이** : 변함없이 똑같이.

17) **NGO** : Non-Governmental Organization의 약자로, 국제연합(UN)에 여론을 반영하기 위해 설립된 각국의 민간단체이다. 환경, 인권, 빈곤추방, 부패방지와 관련된 활동을 한다.

기구, 세계적인 문화, 예술, 스포츠계의 인기인 등이다. 세계화는 이들에게 과거에는 상상도 할 수 없는 활동의 공간을 제공하여 주었다.

그러나 이러한 효과는 지구의 모든 곳에, 또한 모든 사람에게 동일하게 주어지는 것은 아니다. 아시아나 미주 지역, 유럽, 또는 아프리카 등지에서 경험할 수 있는 세계화의 정도는 모두 다르다. 또한 같은 곳에 사는 사람이라도 어느 계층에 속하느냐에 따라 세계화의 영향은 달리 나타날 것이다.

또한 세계화는 만병통치약처럼[18] 모든 점에서 좋은 결과만을 가져다주는 것은 아니다. 세계화는 자유, 평등, 평화, 번영을[19] 가져올 것이라는 일부의 환상과는 달리 부작용도 초래하였다.[20]

서방 선진국(G8) 회담의 세계화 반대 시위

경제적 소득, 교육과 문화의 향유[21], 정보통신 수단의 소유와 이용 등 다양한 분야에서 양극화를[22] 초래하였다. 테러리즘과 전쟁, 내전의 빈발, 환경의 악화, 새로운 질병의 출현, 에이즈와 마약의 확산 등을 보면 세계화가 곧 모든 문제를 해결해 주는 것이 아님이 분명하다. 그렇다고 모든 잘못된 결과를 세계화의 탓으로 돌려서도 안 될 것이다.

또한 세계화가 우리로부터 지리적인 거리를 완전히 제거해 주었다거나, 세계의 모든 인류에게 문화적 동질성을[23] 가져다준다거나 하는 주장은 설득력이 없다. 우리는 엄연히 영토적인 제한 하에 있으며, 지방적인 특수한 문화가 세계화의 진전에 따라 더 선명하게 비쳐지기도 한다.

우리는 지금 세계화의 과정에 있다. 세계화의 진전에 따라 위에서 지적한 내용들은 변화를 거듭할 것이다. 국제적인 교류가 전혀 없는 상태를 '제로의 세계화'라 하고 세계가 완전히 하나의 단위로 되어 움직이는 상태를 '100% 세계화'라고 할 때, 오늘의 세계화는 과연 몇 %의 세계화에 와 있을까? 이것을 정확히 계산해 낼 수는 없다. 그러나 앞으로의 공부 과정에서 우리 모두가 스스로 계산을 시도해 보는 것도 좋겠다.

18) 만병통치약 : 모든 병을 치료할 수 있는 약.

19) 번영 : 일이 잘되고 번창함.

20) 초래하다 : 어떠한 사태를 불러오거나 그렇게 되게 하다.

21) 향유 : 누려서 가짐.

22) 양극화 : 서로 점점 더 달라지고 멀어짐.

23) 동질성 : 바탕이 같은 성질이나 특성.

• 글쓴이 소개

김세웅 (1954~)

정치학 박사이며 주일본 대사관 서기관, 아태민주지도자회의 사무총장, 주중국 대사관 참사관 등 많은 외교활동을 펼쳤던 전직외교관이다.

강명옥 (1959~)

사단법인 한국국제개발연구소 대표(정치학 박사)로, 한국국제협력단(KOICA) 팀장, 유네스코 아시아 태평양 국제이해교육원 기획행정실장, 국가인권위원회 국제협력담당관 등을 역임하였으며 국제 관계와 관련된 다양한 활동을 하고 있다.

어휘 연습

1. 다음과 관련 있는 단어를 찾아 아래에 써 넣으십시오.

교역량　다국적 기업　대중매체　무역 자유화　생방송　외환 거래
은행 계좌　전화 통신　주식 거래　증권 시장　컴퓨터 네트워크

무역	금융	정보통신
교역량	외환 거래	대중 매체

2. 다음 빈칸에 공통으로 들어갈 어휘를 써 넣으십시오.

생생하게　공교롭게도　한결같이　명실 공히　끊임없이

1) ㄱ. 두 사람이 활동했던 시기가 .... 비슷한 시기인 기원전 4세기이다.

ㄴ. 갑자기 공사 중 사고가 났다는 전화가 왔는데 .... 과장은 지방 출장을 가 버리고 부장은 잠시 자리를 비워 사무실엔 나 혼자밖에 없었다.

2) ㄱ. 이라크에서의 전쟁 장면을 세계 각국의 안방에서 .... 볼 수 있는 세상이 되었다.

ㄴ. 이들 여섯 명의 특별 취재팀은 앞으로 이곳에 머물면서 시위 사태를 .... 전해 줄 것이다.

3) ㄱ. WTO 규정은 이제 .... 세계 전체를 관통하는 무역법이 되었다고 할 수 있다.

ㄴ. 이번 대회를 거울 삼아 앞으로 스포츠 종목을 다양화하고 스포츠맨 정신을 길러 .... 스포츠 강국으로 거듭나야 할 것이다.

4) ㄱ. 그의 인기가 어느 곳에서나 .... 높다는 것도 확인할 수 있다.

ㄴ. 일부 보도가 나간 뒤 여론의 반발이 커지자, 여야는 .... 그 안건에 대해 반대하고 나섰다.

5) ㄱ. 세계화의 다양한 모습은 우리의 일상생활에 .... 영향을 미치고 있다.

ㄴ. 그는 스스로가 목표를 정하고 이를 달성하기 위해 .... 노력하며, 중도에 장애가 생기더라도 끝까지 해내고야 만다.

3. 다음 문제를 보고 답을 쓰십시오.

1) 서로 관계있는 것끼리 줄을 그으십시오.

국유~, 자동~, 전문~, 양극~, 세계~ •	• –적
적극~, 활동~, 세계~, 발전~, 역사~ •	• –화
인간~, 양면~, 동질~, 특수~, 역사~ •	• –성

2) 다음 표현을 넣어 글을 완성하십시오.

그러나	우선	마지막으로	다음으로	결론적으로

요즘은 세계화 시대라고들 한다. 세계화는 우리의 일상생활에 어떤 영향을 미치고 있을까? .... 정보의 세계화로, 우리는 안방에서 세계 어느 지역에서 무슨 일이 일

어나고 있는지 실시간으로 알 수 있다. .... 무역의 세계화이다. 세계 곳곳에서 생산되는 과일을 우리는 동네 슈퍼마켓에서 살 수 있다. .... 문화, 예술, 스포츠의 세계화이다. 세계 많은 지역에서 똑같은 영화, 똑같은 스포츠 경기를 관람할 수 있다. .... 세계화가 모든 세계의 모든 인류에게 문화적 동질성을 가져다 준 것은 아니다. 세계화로 인해 지방적인 특수한 문화가 더욱 선명하게 드러나기도 한다. .... 세계화는 세계에 동질성과 특수성을 동시에 가져다준다.

3) 다음 문장에 적당한 표현을 골라 써 넣으십시오.

생선 떼가 움직이듯이　　물 흐르듯이　　가뭄에 콩 나듯이
비 오듯이　　찬물을 끼얹은 듯이

- 그의 음악은 여백이 있고 .... 자연스럽고 편안한 음악이었다.
- 지난 달 출시된 펀드에 시중 자금이 .... 몰렸다.
- 소란스럽던 실내는 그의 말 한 마디에 .... 일순간 조용해졌다.
- 최근 우리 사회의 고령화 현상은 심각한 사회문제로 대두되고 있음에도 불구하고 노인문제를 다룬 기사는 .... 찾기 어렵다.
- 그는 집에서 자신을 기다리는 아이들만 생각하면 거리에서 매캐한 매연을 마셔도 굵은 땀방울이 .... 쏟아져도 입가에 미소가 떠나지 않았다.

내용 이해

1. 이 글에서 설명하고 있는 것이 **아닌** 것은 무엇입니까? (　　　)

❶ 세계화의 의미　　❷ 세계화의 다양한 모습

❸ 세계화의 부작용　　❹ 세계화 부작용의 해결 방안

2. 다음은 이 글의 짜임을 정리한 것입니다. 빈 칸에 알맞은 말을 넣으십시오.

처음 우리는 세계화 시대에 살고 있다. 그리고 이 글에서는 세계화에 대해 알아본다.

중간

- 세계화의 정의

  ………………………………………………

- 세계화의 기원

  제1견해: 기원전 4세기에 시작.

  제2견해: ………………………………………

  현대적 의미의 세계화의 시작: 1970–80년대에 시작.

- 현대적 의미의 세계화의 예

커뮤니케이션의 발달	정보통신기술의 발달로 세계 다른 지역에서의 일을 생생히 볼 수 있고 다른 지역 사람들의 생각과 생활을 알 수 있다
무역과 금융의 세계화	
	기업이 한 나라에서만 생산하지 않는다. 자본, 노동력, 시장이 가장 좋은 곳을 찾아간다.

끝

- 현재의 세계화 진단
  - 지역이나 사회 계층에 따라 세계화의 정도는 다르다.
  - ……………………………………………………
  - ……………………………………………………

3. 세계화에 대한 설명으로 맞으면 ○표, 틀리면 ×표 하십시오.

1) 세계화는 2000년대에 들어와 처음 나타나기 시작한 현상이다. (　　)

2) 세계화는 기업인, 농민 등 모든 사람들의 생활에 영향을 미친다. (　　)

3) 세계화는 세계의 어느 곳에나 동일한 정도로 똑같은 영향을 미친다. (　　)

4) 세계화는 경제적 소득, 교육과 문화의 향유 등에 양극화를 초래하였다. (　　)

5) 세계화는 모든 인류에게 문화적 동질성을 가져다 주었다. (　　)

이야기해 봅시다

1. 이 글에서는 세계화를 '국경이 없이 세계가 하나가 되는 것' 이라고 했습니다. 이러한 세계화의 문제점에는 어떤 것이 있겠습니까? 이야기해 보십시오.

- 경제적인 부익부 빈익빈 현상이 가속화된다. ☐
- 문화적 선진국에 의한 문화의 지배 현상이 나타난다. ☐
- 소수의 문화나 전통이 점차 사라져 간다. ☐
- 무한 경쟁으로 인해 자본이 적은 기업은 살아남기 어렵게 된다. ☐
- .... ☐

2. 세계화 속에서 각 민족 혹은 나라의 문화는 어떻게 될 것 같습니까? 다음 글에 대한 여러분의 생각은 어떻습니까?

〈1〉 세계화는 세계의 문화를 동질화시킨다.

세계화는 세계의 모든 사람들이 동일한 문화를 향유하게 한다. 이제 사람들은 더 이상 자신들만의 고유한 민족 문화를 고집하지 않는다. 뉴욕에 사는 사람들이 서아프리카 음악을 즐기고, 인도의 음식이 서울의 젊은이들에게 인기를 얻고, 북아프리카의 유목민들이 미국의 연속극 일정 때문에 이동 시기를 늦추기도 한다.

〈2〉 세계화는 세계의 지역 문화를 강화시킨다.

세계화로 인해 모든 문화는 동질적인 것으로 변해 가겠지만, 한편으로는 지역 문화를 중심으로 하는 지역화도 강화될 것이다. 즉 세계화 속에서 각 종족이나 민족이 없어지는 것이 아니라 새로운 환경에서 재구성되거나 새로운 문화로 나타나게 될 것이다. 또한 과거와는 완전히 다른 혼합된 문화가 출현하기도 할 것이다.

『처음 만나는 문화인류학』에서

더 읽어보기

세계는 점점 같아지는가?

유철인

코카콜라와 맥도날드는 미국을 상징할 뿐만 아니라 소비의 세계화 또는 문화의 세계화를 나타내는 상징이 되었다. 전 세계적으로 200여 개국 사람들이 마시고 있는 코카콜라는 자사의 인터넷 홈페이지에서 "당신이 코카콜라를 즐기는 미국의 학생이든, 홍차를 마시는 이탈리아 여성이든, 주스를 원하는 페루의 아이든, 함께 운동을 한 후 생수를 사는 한국의 연인들이든, 우리는 항상 당신의 곁에 있다."고 선전하고 있다. 그러면서 생각, 행동, 종족적 배경 등이 다양한 소비자들을 코카콜라를 마시는 하나의 범세계적인 사람으로 만들겠다고 선언하고 있다. 맥도날드 역시 120여 개국 소비자들에게 제품과 서비스가 언제 어디서나 동일한 것이라는 확신을 심어 주기 위해 노력하고 있다. 어느 맥도날드 매장의 햄버거를 먹든 다른 매장의 햄버거와 같을 것이며, 다음 주 또는 내년에 먹을 햄버거도 오늘 먹은 햄버거와 같을 것이라고 말이다.

우리는 초국가적 상품인 코카콜라를 마시고, 맥도날드 햄버거를 먹고 있다. 또한 세계화의 물결 속에서 우리나라에 들어온 대형 할인매장이나 편의점을 이용하기도 한다. 또 현대식 대형 할인매장을 찾으면서, 세련된 최신식 유통업체를 이용한다는 자부심을 느끼기도 한다. 반대로 재래시장이나 소형 점포를 이용하는 것은 은근히 구식이거나 후진적이라는 생각을 하기에 이르렀다. 이러한 경향 때문에 기존의 점포들이 아예 편의점으로 이름만 바꾸기도 한다.

이처럼 지구촌 사람들의 소비패턴이 동질화되어 가는 측면이 많아지고 있다. 소비의 세계화와 함께 지구촌의 문화적 차이도 겉으로는 매우 좁아지고 있는 것처럼 보인다. 교통과 통신이 발달하고 자본주의가 지구 전체로 확산되면서, 세계는 점점 더 상호의존적인 세계로 좁혀지고 있기 때문이다. 그러나 문화의 다양성을 중시하는 인류학자들은 세계화의 영향 때문에 전 세계가 주도적인 서구 모델로 동질화되어 간다는 일반적인 인식을 잘 받아들이지 않는다.

심지어 맥도날드 햄버거나 감자튀김을 먹는 방식만 보더라도 지역에 따라 차이가 나타난다. 미국 사람들은 햄버거를 먹을 때, 포장지를 벗긴 후 맨손으로 햄버거를 먹는다. 이에 반해 우리나라에서는 포장지에 그냥 싼 채 먹는 사람들이 많다. 그러나 감자튀김을 먹을 때는 미국 사람처럼 손으로 집어 먹는다. 손에 기름이나 음식이 묻는 것을 싫어하는 독일 사람들은 맥도날드 매장에 비치된 나무로 만든 일회용 포크로 감자튀김을 찍어 먹는다. 또 우리는 여러 사람이 같이 먹을 때 보통 각자의 감자튀김을 한 곳에 모두 모아 놓고 먹는다. 마치 밥상의 반찬을 여럿이 나누어 먹듯이, 각자 주문한 감자튀김을 다시 한꺼번에 모아 놓고 먹는 것이다.

소비자들이 자신들의 음식 문화에 맞게 맥도날드 햄버거를 먹을 뿐만 아니라, 맥도날드 매장도 메뉴의 다양화 또는 현지화를 시도하고 있다. 프랑스의 맥도날드 매장에는 다른 나라에 비해 샐러드류의 메뉴가 많고, 포도주도 팔고 있다. 전 세계적으로 표준화되고 제한된 메뉴를 고집하지 않고 프랑스 사람들의 기호에 맞춘 것이다. 영국의 맥도날드 매장에는 아침 메뉴의 종류가 미국이나 프랑스보다 훨씬 많다. 이것 역시 영국의 음식문화를 반영하는 것이다. 영국 사람들은 아침 식사로 유럽식 조찬(Continantal Breakfast)이나 미국식 조찬(American Breakfast)보다 훨씬 다양한 따뜻한 음식을 먹기 때문이다. 이에 비해 우리나라의 맥도날드 매장에는 아침 식사 메뉴가 아예 없는 경우가 많다. 대신 우리나라의 맥도날드 매장에서만 파는 제품으로 김치버거가 있다. 한민족을 상징하는 김치와 미국 문화를 상징하는 햄버거가 결합된 새로운 제품인 것이다.

범세계적인 제품을 지역에 따라 다르게 받아들이는 일은 단지 맥도날드에 국한된 것이 아니다. 코카콜라의 경우를 보자. 남미의 페루에는 안데스 산맥에서 나는 여러 가지 과일을 혼합한 노란색 콜라인 잉카콜라(Inca Kola)가 생산되고 있다. 코카콜라만을 파는 맥도날드도 페루에서는 현지 소비자의 요구에 따라 잉카콜라는 팔고 있다. 우리나라에서도 1998년 4월 '콜라독립 815' 라는 이름의 콜라 제품이 탄생했다. 코카콜라 회사가 국내 직판 체제를 선언하자, 이에 대응해 코카콜라의 원액을 수입해서 판매하던 한 식품회사가 자체 상품을 개발한 것이다. 민족

주의에 호소한 콜라의 이름 덕에 그해 한국능률협회가 선정하는 '히트 상품'에 선정되기도 했다. 게다가 우리나라에서는 코카콜라를 대체하는 음료만 생산하는 것이 아니라, 전통 음료인 식혜를 제품화한 음료나 차로 마시던 대추나 매실을 이용한 음료도 생산되고 있다. 우리의 음료 시장이 보여 주듯 세계화는 범세계적인 문화에 저항하거나 타협하면서 전통을 새롭게 만들어가는 지역화도 강화할 것이다. 또한 맥도날드 매장의 메뉴가 보여 주듯 외래적 요소와 토착적 요소가 혼합하는 문화의 혼성화 현상의 지역화가 그 하나의 방식으로 나타나고 있다.

1. 이 글의 중심 생각은 무엇입니까?

- 세계화로 인해 세계는 점점 같아지고 있다. ☐
- 세계화는 새로운 지역화를 만들고 있다. ☐

2. 이 글에서의 중심 생각을 나타내기 위해 어떤 예를 들었습니까?

제4과 우리 땅에 서다

설악산 입구

울산 바위

비선대

대청봉

1. 여러분은 산을 등반한 적이 있습니까? 어느 산이 가장 인상적이었습니까?

2. 다음에서 여러분이 하고 싶은 여행을 골라 이야기해 보십시오.

히말라야산 등반 ☐	백두대간 종주 ☐
자전거 여행 ☐	도보 여행 ☐
오지 탐험 ☐	순례 여행 ☐
세계 일주 ☐	우주 여행 ☐

이틀 간 전세 낸 설악산 등정

CD: 04

한비야

4월 20일

산은 내게 아주 소중한 친구다. 특히 우리나라 산은 아무리 험하다 한들 아마추어가 오르지 못할 산이 없어서 더욱 친근하게 느껴진다. 외국에 있을 때 한국에 돌아오고 싶은 구체적인 이유가 되기도 한다. 늘 거기에서 언제나 반갑게 맞아 주는 산, 눈만 뜨면 보이는 것이 산이요, 산 역시 늘 우리를 쳐다보고 있다. 그래서인지 초원이나 사막만 계속되는 나라, 혹은 해안 지방을 오래 여행하다 보면 뭔가 빠져 있다는 허전함을 감출 수 없었다.

산이라면 어느 산인들 정이 가지 않으리오만은 서울 북한산을 빼고 내가 제일 자주 찾는 산이 바로 설악산이다. 복잡한 일이 생겼을 때, 새로운 친구와 더 친해지고 싶을 때, 외국에서 손님이 올 때, 그냥 서울을 잠시 벗어나 머리를 식히고 싶을 때 등. 술 좋아하는 사람들이 술 마실 구실을[1)] 찾는 것처럼 나도 갖가지 이유를 달아 설악산에 오른다.

진달래가 핀 설악산

그래서 구석구석 눈에 익고 발에 익었다. 설악산 산행은 어디를 가도, 언제 가도, 누구와 가도 늘 특별하고 좋은 시간이었다. 이번 등산도 그럴 것이다. 아무도 없는 설악산을 혼자 넘어가는 기분은 어떨까?

등산로 입구에 서니 설악산 입산을 정식으로 허가받은 것이 천만다행이라고 느껴진다. 입구부터 산 둘레를 따라 높은 철조망이 무시무시하게 둘러쳐져 있다. 오대산처럼 몰래 들어가기는 아무리 봐도 어렵겠다.

오늘은 오색약수부터 대청봉까지 네다섯 시간의 짧은 산행이다. 산을 오르기 시작한 지 한 시간쯤 지나 놀랍게도 한 무리의 등산객을 만났다. 나를 보고 그쪽에서 더 놀라는 표정이다.

"아가씨, 그냥 돌아가세요. 우린 대청봉에서 한 사람 앞에 10만 원씩 벌금 물고 내려오는 거예요."

---

1) 구실 : 핑계로 삼는 이유.

거듭 다행이다. 설악산은 그냥 엄포가[2] 아니라 정말 과태료를[3] 물리는 엄한 곳이다.

아무도 다니지 않는 산길에 벌써 봄이 와 있었다. 진달래가 지천이다.[4] 지금쯤 북한산 보광사에서 대동문까지 진달래 능선은[5] 꽃잔치가 벌어졌겠다[6]. 해원사에서 대남문으로 가는 길에도. 다람쥐 한 마리가 아까부터 나를 쫓아오다가 내가 멈추면 앞발을 들고 귀를 쫑긋 세운 채 양손을 비비면서 서 있다. 뭘 달라는 걸까? 사람들이 도토리를 몽땅 긁어가는 바람에 다람쥐 먹을 것이 없다는 얘기를 들었다. 춘궁기를[7] 넘기려고 그러는 것도 아니면서 너무하다. 다람쥐 양식이나 빼앗아 먹다니. 같은 사람으로서 미안한 생각이 든다. 가방 속에 잣이 들었는데 조금 줘 볼까?

설악폭포를 지나면서 나타나는 계곡의 물소리가 시원하다. 어제 비가 와서인지 바람도 아주 깨끗하다. 힘이 솟는 것 같다. 산에만 들어오면 느껴지는 이 신기한 에너지.

산을 좋아하는 사람들은 막연히 '산의 정기'라고 부르지만 잘 생각해 보면 정체를[8] 알 수 있을 것도 같다. 이건 혹시 산에 있는 바위와 흙, 맑은 공기와 물, 나무와 풀, 그리고 그 안에서 살아가는 크고 작은 동물들 사이의 막힘없는 순환 때문이 아닐까? 인간의 간섭이 없을 때 나타나는 광물, 식물, 동물의 자연스런 교감, 그리고 인간인 나도 자연의 정복자나 이용자가 아닌, 그 일부로 자연의 질서 안에서 한 고리가 되는 일체감이 아닐까? 그 흐름 안에서 자연과 좋은 기를 주고 받기 때문이 아닐까?

그런 것 같다.

중청 대피소의 운동장같이 넓은 방을 혼자 전세 냈다. 같이 묵는 사람들이 있으면 훈기가 좀 있으련만. 밤 기온이 영하로 떨어진다는 소리를 듣고는 담요에 눌릴 만큼 여러 겹 덮고

설악산 중청 대피소

2) 엄포 : 괜한 큰소리로 남을 호령하거나 위협하는 것.

3) 과태료 : 법적으로 해야 할 일을 하지 않았거나 질서를 위반한 사람에게 매기는 벌금.

4) 지천이다 : 너무 많아서 귀하지 않다.

5) 능선 : 산등을 따라 한 봉우리에서 다른 봉우리로 이어진 선.

6) 벌어지다 : (잔치나 행사 따위가) 열리다.

7) 춘궁기 : 봄철의, 농민이 가장 살기 어려운 때.

8) 정체 : 사람이나 사물의 겉으로 드러나지 않은 본래의 신분이나 모습.

잤다. 동사하는[9] 것이 압사하는[10] 것보다 나을지 어떨지는 내일 가 봐야 알겠다.

4월 21일 먹을 복 터진 날

"어제 대청봉에서 낚은 고기로 만들었어요."

대원 한 분이 농담을 하며 아침을 먹으란다. 간단히 먹는 아침상이 생선찌개에, 김치찌개까지 진수성찬이다[11]. 누군가 내게 자기 요리 솜씨를 과시하려는[12] 게 분명하다.

컵라면으로 적당히 때울 생각이었는데 웬 떡이냐. 어젯밤에도 미안해서 굳이 컵라면을 먹겠다니까 그건 맛이 없다며 보통 라면을 기똥차게 맛있게 끓여다 주었다. 김치에 밥 한 공기까지 얹어서. 겨우내 사람이 다니지 않아서 그런지, 원래 그런지, 아니면 내가 여자라서 그런지 여섯 분 모두 아주 친절하다. 여러 가지로 정말 고맙다.

대청봉의 아침이 더할 수 없이 쾌청하다. 이곳은 사시사철 바람이 불기로 유명한 데 오늘은 바람도 한 점 없다. 수년 간 근무하고 있는 아저씨들도 아주 드물게 보는 좋은 날씨란다. 불어 대는 바람 때문에 엎드려 있는 듯 키 작은 눈잣나무와 눈측백나무들이 고개를 들 만큼.

소청으로 가는 길에는 눈이 무릎까지 쌓여 있다. 눈밑에 얼음이 얼었는지 몹시 미끄럽다. 시야가 탁 트인 곳에 오니 공룡, 용아, 화채능선이 한눈에 들어온다. 하늘을 향하여 쭉쭉 뻗은 바위 능선의 역동감이 강렬하게 전해진다. 두 팔을 벌리고 심호흡을 한다. 속이 시원하다. 정면으로 잘 생긴 울산바위가 선명하고, 뒤로는 동해 바다도 보인다. 이번에는 눈까지 시원해진다.

설악산 공룡, 용아, 화채 능선

여기는 백두대간의[13] 어디쯤인가? 백두산에서 시작해 두류산, 금강산, 설악산, 오대산, 태백산, 지리산으로 이어지는 우리나라의 등뼈 백두대간. 설악산 내의 대간 줄기는 어제 지나온 오색약수에서 대청봉을 지나 저 눈앞에 보이는 공룡능선을 따라 진

9) **동사** : 추운 날씨나 기온 탓으로 얼어 죽는 것.

10) **압사** : 누르거나 미는 힘에 의해 죽는 것.

11) **진수성찬** : 아주 넉넉하게 여러 가지로 잘 차린 음식.

12) **과시하다** : (자신의 능력이나 세력을) 자랑스레 남에게 내어 보이다.

13) **백두대간** : 백두산에서 뻗어 내린 큰 줄기라는 의미로 한반도의 뼈대를 이루는 산줄기.

부령으로 이어진다. 그래서 공룡능선을 타다 보면 백두대간 종주 중이라는[14] 사람을 심심치 않게 만나게 된다. 목적지를 목전에 둔 사람들이어서인지 피곤한 얼굴이지만 아주 밝고 맑다. 그들을 보면 정말 부럽다. 나도 언젠가 백두대간을 종주하고 싶다. 아니 꼭 할 거다. (중략)

오늘은 먹을 복이 터진 날이다. 희운각 아저씨가 점심으로 뜨거운 새 밥을 해 줬다. 누룽지까지 눌려 걸쭉한[15] 숭늉을 마셨다. 59년생 산쟁이 아저씨도 괴짜이다. 백두대간 종주는 일찌감치 마쳤고, 동해안 북쪽에서 시작해 남쪽을 돌아 서쪽의 대천까지 우리나라 해안선 일주도 했다. 앞으로의 꿈은 중국의 만리장성 종주와 혜초 스님이 밟은 길을 따라가는 것이란다. 그러면서 하는 말.

"한국도 제대로 모르고 어딜 그렇게 다녔어요?"

"글쎄 말이에요. 깊이 반성하고 있어요. 그런데 순서는 바뀌었어도 지금 다니고 있잖아요."

내 대답에 씨익 웃는다.

"그러네요."

나이를 가늠할[16] 수 없는 천진한[17] 웃음이다.

나이가 들수록 하고 싶은 일이 점점 많아진다. 아무리 생각해도 사람의 한 생, 길어야 백년은 너무 짧다. 하고 싶은 것을 다 하자면. 여행만 해도 그렇다. 세계 일주를 했다고 하면 "이제 갈 데가 없겠네요."하는 사람들이 많다. 천만의 말씀이다. 다녀봤기 때문에 가고 싶은 곳이 더 많아진다. 시쳇말로[18] 콧구멍에 바람이 든 것이다.

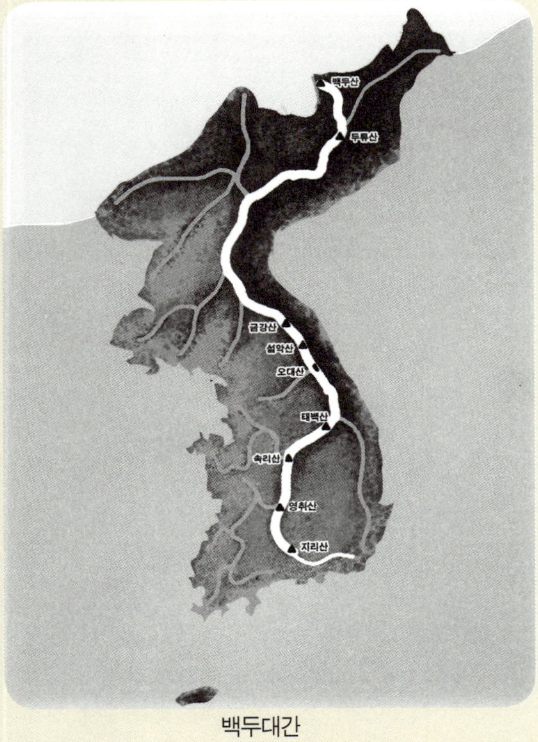

백두대간

14) 종주 : 능선으로 이어진 많은 산봉우리를 따라 등정함.

15) 걸쭉하다 : (액체가) 묽거나 맑지 않고 질고 탁하다.

16) 가늠하다 : 짐작하여 알다.

17) 천진하다 : 자연 그대로 꾸밈이나 거짓이 없다.

18) 시쳇말 : 유행하는 말, 흔히 하는 말.

한국에 있게 된다면 우선 백두대간 종주와 적어도 200개 정도의 섬을 돌아보고 싶다(우리나라에는 약 3,153개의 섬이 있고, 그 중 464개가 유인도이다. 섬이 많기로는 필리핀, 인도네시아에 이어 세계 3위라는 사실!). 국토의 가장 홀쭉한 곳을 동서로 횡단하고[19] 싶기도 하다. 언젠가는 한국의 네 개 끝점, 즉 동쪽의 독도, 서쪽의 평안북도 용천군 마안도, 남쪽의 마라도, 북쪽의 함경북도 온성군 유포진을 연결해 다녀 보고 싶다.

세계여행도 육로여행만이 끝났을 뿐이다. 아직 가 보지 않은 나라들도 천지이다. 다음에는 배를 타고 지구 세 바퀴 반을 돌고 싶다. 섬에서 섬으로 다니면서 지구의 70% 이상을 차지하는 바다를 누비고[20] 싶다. 그리고 바다에서 살고 있는 사람들과 만나고 싶다. 그러고는? 남은 곳은 하늘인가? 언젠가는 거기도 가고 싶다. 경비행기나 열기구를 타고 돌아 보는 것도 좋겠지. 사람들은 만날 수 없어도 나름대로 특별한 맛이 있을 거다. 우주여행은 어떨까. 왜 안 되겠는가. (중략)

희운각에서 계곡을 따라 내려간 설악산은 칠보단장[21] 한껏 멋을 부린 완연한 봄산으로 변신한다. 양폭에서 천불동 계곡을 지나 비선대에 이르는 길은 그야말로 필설로[22] 다할 수 없는 아름다운 경치이다. 은은한 줄만 알고 있던 산벚꽃 향기가 라일락보다 더 진하게 온 산에 진동한다. 흰 꽃잎 때문에 마치 서리가 내린 듯 온 산이 하얗다. 바람이 불면 향기로운 꽃비가 내린다. 내 몸에도 그 향기가 밸 것 같다. 그리고 눈이 시리도록 푸른 신록, 초록의 단조로운 색깔이 묽어졌다 진해졌다 찬란하기까지 하다.

양폭산장 거의 다 와서 폭포가 흐르는 지점. 친구 서너 명이 앉아 놀기 맞춤한 정자바위에서 두 발을 뻗고 쉬면서 좌우를 둘러 본다. 그림을 둘러친 것 같은 기암절벽[23], 그 사이를 굽이치며 크고 작은 소(沼)를[24] 만드는 물이 얕은 곳, 깊은 곳에서 각각 흰색, 초록색으로 달라진다. 색깔만 달리 하겠나. 졸졸졸 흐르는 물, 폭포를 이루는 물, 커다란 웅덩이에 갇혀 있는 조용한 물. 흐르는 모양도 가지가지이다.

이런 것을 보고 선경이라고 하는 모양이다. 넋을 놓고 한참 보고 있자니 저절로 침이 꼴깍 넘어간다. 절벽과 계곡이 기막히게 어우러진[25] 천불동계곡 하나만으로도 설

19) 횡단하다 : 어디를 건너서 가다.

20) 누비다 : 이리저리 거리낌 없이 다니며 활동하다.

21) 칠보단장하다 : 고운 색깔과 여러 가지 무늬로 꾸미다.

22) 필설 : 글과 말.

23) 기암절벽 : 모양이 이상하게 생긴 바위 낭떠러지.

24) 소 : 빨리 흐르는 시내나 강이 바위벽에 부딪혀서 바닥이 파여 물이 깊어진 곳.

25) 어우러지다 : 여럿이 모여 한데 합치거나 한 덩어리나 한판을 이루다.

악산 이름값을 톡톡히 하고도 남는다. '입산금지' 덕분에 이틀 간 설악산을 홀로 가졌다. 산의 정기도 듬뿍 받았다.

나, 한비야 이제 죽어도 여한이 없다.

• 글쓴이 소개

한비야 (1958~)

홍익대학교 영문과를 졸업하고 미국 유타대 언론대학원 국제 홍보학 석사를 받았다. 어린 시절 아버지와 약속한 '세계 일주'의 꿈을 이루기 위해 6년 간 전세계 65개국을 다녔다. 네티즌이 뽑은 인기인 1위, 닮고 싶은 여성 2위, 여성특위가 뽑은 신지식인 5인 중 한 명이다.

어휘 연습

1. 알맞은 단어의 의미를 골라 연결하십시오.

1) 등정하다 •	• 한 바퀴 돌다.
2) 일주하다 •	• 산의 꼭대기에 오르다.
3) 등반하다 •	• 험한 산이나 높은 곳에 오르다.
4) 횡단하다 •	• 좌우로 뻗은 공간을 지나가다, 건너가다.
5) 종주하다 •	• 능선을 따라 많은 산봉우리를 넘어가다.

2. 빈 칸에 공통으로 들어갈 단어를 골라 쓰십시오.

가늠하다	과시하다	누비다	단장하다	벌어지다

1) ㄱ. 그 화가는 풍경화를 그리기 위해 우리나라 곳곳을 ....고 다녔다.
   ㄴ. 그는 골목골목을 ....으며/며 신기한 풍물을 구경했다.

2) ㄱ. 70세 노인이 마라톤을 완주해 체력을 ....었다/았다/였다.
   ㄴ. 그는 자신의 부를 ....기 위해 거실과 손님방에 고급 도자기를 진열했다.

3) ㄱ. 더 무거운 수박을 고르기 위해 나는 수박을 양손에 들고 무게를 ....어/아/여 보았다.
   ㄴ. 그는 사업의 성패를 ....어/아/여 보기 위해 점쟁이를 찾아갔다.

4) ㄱ. 시끌시끌한 걸 보니 저 방에선 술잔치가 ....은/ㄴ 것 같다.
   ㄴ. 바로 이 거리에서 몇 년 전 총격전이 ....었다고/았다고/였다고 한다.

5) ㄱ. 길가에 있는 집들은 새로 ....은/ㄴ 것처럼 깨끗했다.
   ㄴ. 어머니께서 얼굴에 분을 바르고 곱게 ....고 나서시니 새색시 같았다.

3. 다음 문제를 보고 답을 쓰십시오.

1) 보기와 같이 연결하여 문장을 만드십시오.

[보기] 쫑긋-세우다 : 토끼가 귀를 쫑긋 세우고 우리를 바라 보았다.

씨익-웃다 : ....

쭉쭉-뻗다 : ....

몽땅-먹다 : ....

꼴깍-삼키다 : ....

2) 아래 문장에 적절한 단어를 골라 쓰십시오.

춘궁기	농번기	농한기	성수기	비수기	환절기

ㄱ. (   )에는 숙박 요금이 배로 오르는 데가 있다.

ㄴ. (   )에는 예전에 곡식이 떨어져 어린 자식을 잃는 경우도 있었다.

ㄷ. (   )에는 일손이 모자라 어린 아이들까지 농사일을 돕기도 했다.

ㄹ. (   )에는 병원을 찾는 감기 환자가 북새통을 이룬다.

ㅁ. (   )에는 찾는 이가 없으므로 아파트 시세가 떨어지기 마련이다.

3) 관계가 있는 것을 골라 연결하십시오.

얼어서 죽음	•	•	자연사
물에 빠져 죽음	•	•	횡사
뜻밖의 사고를 당해 죽음	•	•	익사
눌려서 죽음	•	•	압사
늙고 쇠약해져 죽음	•	•	동사

내용 이해

1. 글쓴이가 이 글의 제목을 '이틀 간 전세 낸 설악산 등정' 이라고 한 이유는 무엇입니까? (   )

❶ 설악산 입장료를 냈기 때문에
❷ 이틀 숙박료를 내고 머물렀기 때문에
❸ 설악산을 혼자 힘으로 등정했기 때문에
❹ 입산금지 구역에 혼자 있을 수 있었기 때문에

2. 글쓴이가 설악산에서 지나간 곳의 풍경이나 그곳에서의 느낌을 장소에 따라 간단히 써 보십시오.

1) 설악폭포 : 계곡의 물소리가 시원하다, ...
2) 중청대피소 : 방이 운동장같이 넓다, ...
3) 대청봉 : 쾌청하다, ...
4) 소청으로 가는 길 : 눈이 무릎까지 쌓여 있다, ...
5) 비선대로 가는 길 : 산벚꽃 향기가 진하다, ...

3. 다음을 읽고 맞으면 O표, 틀리면 X표를 하십시오

1) 설악산은 숲, 계곡 등 자연 경관은 좋지만 숙박시설이 없다. (   )
2) 글쓴이는 앞으로 백두대간을 종주할 것 같다. (   )
3) 글쓴이는 육로뿐만 아니라 해로로도 세계 여행을 한 적이 있다. (   )

써 봅시다

여러분이 여행한 곳을 [보기]와 같이 표에 써 보십시오.

[보기] 장소 : 설악산(졸업 여행)	
〈첫째 날〉 9:00 출발 12:20 강릉 도착 점심 13:00 선교장 구경 단체 사진 촬영 14:00 오죽헌, 낙산사 17:00 숙소로 이동	• 친구가 늦게 와서 버스가 20분 늦게 출발함. • 두부전골로 점심 식사(약간 매웠지만 시장이 반찬이라 맛있게 먹음). • 조선시대 대표적 양반가옥과 정자를 구경함. • 처음으로 '조용한 아침의 나라'를 느껴 봄. • 구경도 좋지만 콘도에 드러누워 있으니 여기가 제일 좋다!
〈둘째 날〉 10:00 설악산 도착 11:00 권금성 등산 비선대 구경 12:00 점심 식사 12:40 서울로 출발 17:00 한국어학당 도착	• 권금성과 비선대 두 팀으로 나누어 올라감(케이블카를 탈 때는 좀 무서웠지만 발 아래 경치가 무척 아름다웠음. 걷지 않아 무지 좋음). • 신흥사 구경 뒤 설악산 경치를 실컷 구경함. • 금강산도 식후경(산채 비빔밥의 산나물 냄새가 향긋했음). • 서울에 도착하니 또 시험 스트레스 시작!

장소 :	

더 읽어보기

거제도 '황제의 길'

임동헌

길은 누구에게나 열려 있다. 황제가 걸어간 길을 수퍼마켓 주인도 걸을 수 있고, 마라톤 선수를 꿈꾸는 코흘리개 꼬마도 달릴 수 있다. 길만 그러한가? 아니다. 파도 소리도, 꽃도, 자잘한 몽돌도 황제의 소유는 아니다. 장삼이사, 우리 모두의 것이다.

거제도 '황제의 길'로 불리는 망치고개 정상에 선다. 발 아래 내도와 외도를 비롯해 오종종한 섬들이 만추의 햇살 아래 누워 있다. 여자의 섬 내도는 뭍 쪽에 가깝고, 남자의 섬 외도는 바다 쪽으로 밀려나 있다. 이유는 간단하다. 모름지기 남자가 여자를 보호해야 하는 법, 외도가 풍랑으로부터 내도를 보호하고 있는 것이다. 그러나 거제도 사람들은 외도가 내도 여인의 아름다움에 반해 다가들다가 여인이 소리치자 바다에 그대로 멈춰 섰다는 설화를 그대로 믿고 있다. 그러니 두 섬은 안과 바깥의 섬이라는 뜻이 아니라 남녀가 내외하는 섬이라는 뜻이다.

'황제의 길'에서 내도와 외도의 의미를 곱씹는 사이 에티오피아 셀라시에 황제가 떠오른다. 1968년 한국을 방문했던 셀라시에 황제는 비공식 일정으로 거제도를 찾았다 망치고개에 올랐다. 그는 고갯마루에서 내도, 외도가 보이는 순간 가슴이 멎는 황홀경에 "원더풀"을 외쳤다. 고갯길을 내려와서도 그는 또 "원더풀"을 외쳤다. 짙푸른 바다에 고깃배 몇 척 떠다니고, 조개만한 초가들 몇 채 바닷바람에 맞서고 있는 모습이 그의 동심을 자극했으리라. "원더풀", 그는 "원더풀"을 일곱 번이나 외친 뒤 고개 아래 망치삼거리에서 일정을 접고 돌아갔다.

셀라시에 황제가 발길을 돌린 망치삼거리에서 오른쪽으로 꺾어 든다. '황제가 가지 않은 길', 그 길 옆의 학동 흑진주몽돌해변에 서서 귀를 연다. 수백만 년 파도에 부딪쳐 오는 동안 귀퉁이가 닳아 동글동글해진 몽돌 위로 파도가 다가왔다가 밀려간다. 여기서 파도가 밀려갈 때의 소리가 중요하다. 사그락 사그락, 형용할 수 없는 소리가 몽돌해변 주변에 밀려 퍼진다. 파도가 몽돌 사이를 빠져나가는 소리가 어떤 악기로도 표현할 수 없는 음률을 만들어 내는 것이다.

한 가지 기억이 떠오른다. 25년 전 기자 초년병 시절 소설가 이무영 선생의 후손을 찾아 거제도를 처음 왔었다. 선생의 아들은 삼성중공업에 근무하고 있었고, 그는 필자를 자신의 집으로 데려가 점심상을 내왔다(거제도까지 내려와 아들의 얘기를 들어 보니 그때 이무영 선생의 아내는 서울에 살고 있었다. 가까운 곳에 살고 있는 유족은 찾지 못하고 먼 곳에 있는 아들은 쉽게 찾은 셈이었다). 그때 아이들이 피아노를 쳤다. 흰 건반과 검은 건반을 오가며 파도 소리와 바람 소리를 만들어 내던 아이들의 흰 손이 떠오른다. 그 소리들, 생각하니 흑진주몽돌해변의 몽돌이 만들어 내는 사그락 소리가 그 피아노 소리와 닮았다. 셀라시에 황제가 이곳까지 왔었다면 다시 "원더풀"을 외쳤을 것을.

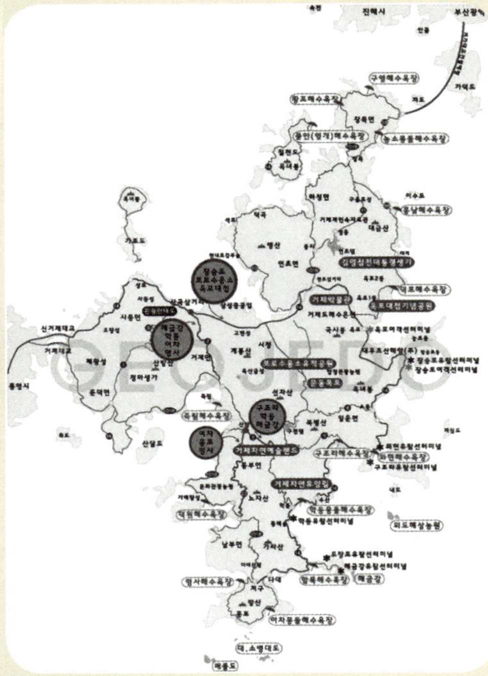

어쨌거나 거제는 한국 중소도시의 성장성을 내포한 아이콘이다. 한국전쟁 때 포로수용소에는 무려 17만 명이 수용돼 있었는데 지금 거제 인구가 갓 20만 명을 넘는다. 그게 아쉬운 일은 아니다. 10년 전 IMF 사태를 맞았을 때 일자리를 잃은 사람들은 꾸역꾸역 거제도로 몰려들었다. 거제도에 가면 먹고 살 길이 있다는 말이 돌았기 때문이다. 실제로 그렇다. 거제시에서 대우조선해양과 삼성중공업에 근무하는 사람들의 식솔까지 합치면 인구 절반이 넘는다. 작은 도시의 인구는 줄고 있는데 거제시의 인구가 늘고 있는 까닭이 여기에 있다. 문화관광 해설사 박미자씨가 "거제도에서 축구를 하면 공이 바다에 빠지기 일쑤라는 말은 잊어 달라"는 말의 함의도 여기에 있다. 거제시는 크고 아름답다는 뜻이다.

황제가 가지 않은 길, 여차저차 가다 보니 여차마을이라던 그 여차마을 끝에 홍포가 있다. 거제시의 비경을 훼손시키지 않기 위해 일부러 남겨 놓은 비포장도로 3km를 달리면 나타나는 망산. 그 아래 대병대도, 소병대도, 대매물도, 소매물도가 한눈에 잡히는 곳이거니와 멀리 대한 해협으로 이어진 바다의 길이 펼쳐진 곳이다. 황제의 길과 황제가 가지 않은 길을 달리다 보니 어느새 일몰 무렵. 붉은 석양 한가운데로 고깃배가 지난다. 눈부심이란 대체 무엇인가. 그것은 같은 길을 가더라도 다른 무엇을 보는 것이고, 다른 사람이 달리지 않은 길을 가며 생각을 품는 것이다. 그 눈부심에 답하듯 홍포의 일몰 속으로 흑진주몽돌해변의 사그락거리는 소리가 겹쳐진다. 이 시간 속에 있는 한 우리는 누구나 황제다.

1. 거제도 사람들은 내도와 외도가 어떻게 해서 만들어졌다고 믿고 있습니까?

2. 다른 중소도시와 달리 거제도 인구가 늘고 있는 이유가 무엇입니까?

제5과 인간과 환경

1. 환경 파괴의 예를 찾아 보십시오.

2. 환경이 파괴되어 인공지구를 만든다면 그 속에서 인간이 살아가기 위해 어떤 조건들이 필요할까요?

넉넉한 산소의 공급	□
오염되지 않은 식수원의 확보	□
철저한 재활용 시스템의 개발	□
…………………………………	□
…………………………………	□

지구야 고맙다

CD: 05

조홍섭

버들치

물고기를 길러 보려고 계곡에서 잡은 버들치[1] 몇 마리를 페트병에 담았다. 어떻게 될까? 당장은 잘 산다. 수돗물을 넣지 않고 계곡물을 넣어 주었다면 말이다. 하지만 얼마 가지 않아 죽고 만다. 어릴 때 일이 기억나는가? 얼마나 많은 물고기들이 과학적 호기심 때문에 죽어 갔는지.

버들치를 더 오래 살리려면 병보다는 자연과 조금 더 비슷한 어항이[2] 있어야 한다. 어항에 모래도 깔고 수초도 심어 준다면 더욱 좋다. 그래도 자연에는 못 미치는 점이 있다. 무얼까? 우선 물결이 없다. 그렇다면 기포발생기를[3] 설치해 충분한 산소를 공급해 준다. 다음엔 물벼룩과 같은 먹이가 없다. 그러면 사료를[4] 넣어 준다. 새 물이 계속 들어오지 않는다면 가끔씩 물을 갈아 준다. 이제 자연과 거의 같아졌는데, 왜 버들치는 알을 낳지 않는 걸까?

그건 계곡과 환경이 다르기 때문이다. 계절과 밤낮의 차이 없이 온도가 거의 일정한 방안에서 버들치는 생식[5] 리듬을 잃고 만다. 어항을 베란다에 내어 놓고 실지렁이나 물벼룩 같은 자연 먹이를 준다면 혹시 알을 낳을지도 모른다. 그렇더라도 전기와 사료를 공급받아야 유지되는 '반쪽 자연' 일 수밖에 없다. 자연은 아무 일도 하지 않는 것처럼 보인다. 하지만 앞의 예에서 보았듯이 정작[6] 자연을 흉내 내기란 쉽지 않다.

우주에서 생활하고 있는 이소연 씨

자연은 생물과 무생물로 이뤄진다. 동

---

1) 버들치 : 잉어과, 8-15cm정도의 몸길이. 넓은 하천과 호수 좁은 산간 계류 등지에서 서식.

2) 어항 : 물고기를 기르는 유리 항아리.

3) 기포발생기 : 기체 방울을 계속 만드는 기계.

4) 사료 : 가축에게 주는 먹이.

5) 생식 : 생물이 자기와 같은 생물을 태어나게 하는 생리적인 일.

6) 정작 : 그전에 생각했던 바와는 달리.

물, 식물, 미생물 등 생물들은 흙, 공기, 햇빛, 물과 같은 무생물 요소를 잘 활용하면서 살아간다. 자연은 적어도 30억 년 이상 진화해 온 결과이다. 그동안 생물들은 살아남기 위해 경쟁하는 과정에서 자연에 가장 잘 적응하는 방식으로 거듭났다. 그래서 생물은 자원의 가장 알뜰한 소비자이기도 하다.

사람들은 이런 측면에 주목한다. 우주여행이 그런 예이다. 우주인 한 사람이 우주에서 1년 간 머무는 데는 물, 공기, 식품이 적어도 12톤이나 필요하다. 3명의 승무원이 왕복 2년 걸리는 화성 여행에 나선다면 무려 72톤을 싣고 가야 한다. 화물 1킬로그램을 쏘아 올리는 데 수백만 원이 드는 우주여행에 트럭 수십 대 분량의 물과 통조림 따위를 싣고 5천6백만 킬로미터 이상 떨어진 화성까지 날아간다는 것은 상식적으로 가능할 것 같지 않다. 우주인들은 지구에서는 상상하기 힘들 만큼 재활용을 철저히 한다. 지금 우주에 떠 있는 국제우주정거장에서도 승무원들은 오줌을 걸러낸[7] 다음 증류해[8] 식수로 마신다. 샤워나 세면한 물도 여러 번 걸러 수질 검사를 통과하면 식수통에 붓는다. 우주선의 동력원인[9] 연료전지를[10] 가동하면 부산물로[11] 물이 나오는데, 이것도 식수원이다. 필요한 물의 대부분은 이렇게 조달한다.[12] 물은 마실 뿐 아니라 전기분해해 호흡에 필요한 산소를 만드는 데 쓰기도 한다. 그렇다면 우주인들의 배설물은 어떻게 할까. 진공 건조시켜 모아 두었다가 지구로 가져온다. 적어도 지금까지는 그랬다.

화성처럼 장거리 여행 시에는 이야기가 또 달라진다. 과학자들은 모든 물질의 재활용, 재사용률을 100퍼센트 가까이 끌어올리지 않으면 안 된다고 믿는다. 이를테면 고형 배설물에서 수분을 빼내고 나머지 찌꺼기로 식물을 길러 식량을 생산한다는 것이다. 이른바 '우주선 농장'이다. 미래 우주선의 내부를 들여다 보면 각종 기계와 장치가 들어 있는 칸보다 태양전지로 햇빛을 비추는 인공농장이 더 많을 것이다. 이 농장은 식량 생산뿐 아니라 탄산가스와 미량 오염 물질을 제거하고 산소를 만들어 내는 기능도 한다. 최고의 과학기술을 동원한 장거리 우주여행에서 가장 중요한 것이 바로 텃밭에서도 적용되는 원리라는 사실은 놀랍다. 사실 지구는 직경이[13] 1만 2천 킬로미터인 거대한 우주선 아닌가. 이 '우주선 지구호'가 제

---

7) 걸러내다 : 건더기를 따로 모으고 액체만 남기다.

8) 증류하다 : 액체 속의 성분을 분리하여 깨끗한 액체만을 남기다.

9) 동력원 : 기계를 움직여서 일을 하게 하는 힘의 근본

10) 연료전지 : 에너지를 얻기 위해 태우는 물질을 건전지의 형태로 만든 것.

11) 부산물 : 주가 되는 생산물을 딸려 함께 생기는 생산물.

12) 조달하다 : 필요한 것을 공급하다.

13) 직경 : 직선이 원의 중심을 지나서 둘레와 만나는 두 점 사이의 거리.

대로 운항하기 위한 최고의 매뉴얼은 바로 자연이다.

자연 흉내 내기는 어린 과학도들만의 호기심은 아니다. 어른들도 한다. 그것도 엄청난 규모로. 미국의 백만장자인 에드워드 배스는 작은 지구를 만들고 싶었다. 그는 미국 애리조나 주 남부 오라클의 사막지대에 4만 평의 거대한 유리 온실을 만들었다. '생물권 2 (Biosphere 2)' 라 이름 붙인(생물권 1은 지구이므로) 이 인공지구 속에는 지구의 축소판인 바다, 습지, 열대우림, 사막, 초원, 농경지 등을 만들었다. 염소, 원숭이, 지렁이, 벌새 등 3천8백여 종의 각종 동식물과 함께 우주복 비슷한 단복을 입은 자원 참가자 남녀 4명씩 8명은 외부와 차단된[14] 이 인공지구에서 1991년부터 2년간 지냈다. 마치 어항 속 버들치처럼. 만일 이들의 실험이 성공적이어서 온실내부의 공기와 영양분 순환이 잘 이뤄져 외부의 지원 없이 생존할 수 있다면 우리는 달이나 화성에 비슷한 인간 거주지를 만들 수 있을 것이란 기대가 높았다.

미국 애리조나 주 사막에 조성된 인공지구인 '생물권 2' 전경.

2년 뒤 실험은 일단 끝났지만 자급자족 생태계를 구성하려는 시도는 무참히 실패했다. 새와 동물, 곤충들은 번창하기는커녕[15] 대부분 죽어 버렸다. 바퀴벌레와 개미들이 '생물권' 을 점령했다.[16] 무엇보다 치명적인[17] 것은 2억 달러가 들어간 이 시설이 8명의 대원들이 숨 쉴 충분한 산소를 공급하지 못했다는 점이다. 애초 약속과 달리 외부에서 산소를 긴급 투입해야 했다. 마치 어항의 기포 발생기처럼 말이다. 우리의 지구 '생물권 1' 과는 사뭇 다르다. 인류는 숨 쉬는 산소 값으로 단 한 푼도 지불하지 않지만 60억 명의 지구인 모두에게는 넉넉한 산소가 공급된다. 지구는 참으로 우리에게 아낌없이 준다!

'생물권 2' 실험의 교훈은 분명하다. 비록 자연이 거의 무료로 인간에게 제공해 주는 서비스라 하더라도 인공적으로 만드는 데는 엄청난 비용이 든다는 것이다. 우리는 자연의 이런 고마운 기능이 사라지고 난 뒤에야 그 가치를 알게 되는 일이 많다. 한 연구를 보면 인간 사회에 직접 제공되는 자연의 서비스는 돈으로 따져 연

14) 차단되다 : 통하지 못하게 끊기거나 막히다.

15) 번창하다 : 늘어나고 커지다.

16) 점령하다 : 남의 것을 빼앗아 가지다.

17) 치명적이다 : 돌이킬 수 없을 정도로 나쁘다.

간 약 36조 달러라는 천문학적인 액수에 이른다. 그런데도 이런 자연의 가치가 정당하게 평가되기도 전에 낭비되고 있다. 지구에 있는 수많은 생물들의 활동이 어우러져 이런 서비스를 만드는데, 인간이 그것을 독차지해[18] 버리거나 망가뜨리고[19] 있다. 예를 들어 육지에 있는 담수의 절반을 인간이 인간만을 위해서 쓴다. 토지의 2분의 1에서 3분의 1, 그리고 식물이 광합성을 통해 영양물질을 만들어 내는 1차 생산의 5분의 2 이상도 인간이 자기만의 목적을 위해 이용하고 있다. 다시 말해 인간은 지구를 자기 것인 양 쓰고 있다. 하지만 우리가 자연을 훼손하면[20] 그 순간 자연이 묵묵히 하고 있던 어떤 소중한 기능이 사라진다는 점을 잊어서는 안 된다. 그런데도 인류는 당장의 자기 이익에 눈이 어두워 아낌없이 주는 자연의 깊은 혜택에는 눈을 감고 있다.

황폐해진 '생물권 2' 내부의 모습

18) 독차지하다 : 혼자서 모두 가지다.

19) 망가뜨리다 : 완전히 부수어 못 쓰게 만들다.

20) 훼손하다 : 함부로 다루어 못 쓰게 하다.

• 글쓴이 소개

조홍섭(1957~)

현재 환경기자클럽 회장, 한국과학기술학회 이사, 환경과 공해연구회 운영위원으로 활동하고 있다. 『과학동아』와 『한겨레』에서 약 20년 동안 환경과 과학에 관한 기사와 칼럼을 썼으며 환경전문기자로 활동하고 있다.

어휘 연습

1. 알맞은 단어의 의미를 골라 연결하십시오.

1) 훼손하다 •	• 사람의 힘으로 자연과 비슷하게 만들다.
2) 치명적이다 •	• 함부로 다루어 못 쓰게 하다.
3) 인공적이다 •	• 죽지 않고 살아남다.
4) 생존하다 •	• 더러워지다.
5) 오염되다 •	• 돌이킬 수 없을 정도로 나쁘다.

2. 빈 칸에 공통으로 들어갈 단어를 쓰십시오.

걸러내다　　조달하다　　차단하다　　번창하다　　독차지하다

1) ㄱ. 왕자는 어릴 때부터 학문을 좋아하여 왕의 사랑을 .... 다시 피하였다.
   ㄴ. 방을 같이 쓰던 언니가 시집을 가게 되어 내가 방을 .... 게 되었다.

2) ㄱ. 비서실에서는 필요 없는 서류는 .... 고 결재를 올린다.
   ㄴ. 정수기는 우리 몸에 나쁜 이물질을 .... 어/아/여 깨끗한 물로 만들어 준다.

3) ㄱ. 사업을 시작할 때는 .... 기를 빌며 고사를 지낸다.
   ㄴ. 집안이 .... 으라고/라고 집들이 선물로 비누를 사 간다.

4) ㄱ. 이번에 새로 나온 신제품은 자외선을 장시간 .... 을/ㄹ 수 있는 획기적인 상품이다.
   ㄴ. 밤에는 침실에 들어오는 빛을 철저히 .... 어야만/아야만/여야만 숙면을 취할 수 있다.

5) ㄱ. 그는 사업 자금을 .... 기 위해 백방으로 뛰어다녔다.

ㄴ. 새 교량 건설에 필요한 물자를 .... 으려면/려면 수입에 의존할 수밖에 없다.

3. 다음 문제를 보고 답을 쓰십시오.

1) 보기와 같이 연결하여 문장을 만드십시오.

인공-장기 불치병을 치료하기 위한 인간들의 노력은 인공장기를 개발하기에 이르렀다.

위성 ....

지능 ....

농장 ....

폭포 ....

2) 다음 중 '판'의 의미가 다른 것을 고르십시오.

( )

❶ 윷판 ❷ 놀음판 ❸ 씨름판 ❹ 확대판

( )

❶ 축소판 ❷ 인쇄판 ❸ 놀이판 ❹ 칼라판

3) 관계가 있는 것을 골라 연결하십시오.

그날 새벽 그는 조용히 눈을 감았다. •		• 불문에 부치다
회사 이사회에서는 그의 비리에 대해 눈을 감아주기로 결정을 내릴 모양이었다. •		• 인식하다
내가 사랑에 눈을 뜬 것은 중학교 때였다. •		• 운명하다

내용 이해

1. 글쓴이가 이 글을 쓴 목적을 무엇일까요? (　　　)

❶ 인공지구의 필요성을 설득하기 위해

❷ 자연의 소중한 기능을 주장하기 위해

❸ 자원 재활용의 중요성을 강조하기 위해

❹ 우주여행의 많은 문제점을 설명하기 위해

2. 다음은 이 글의 짜임을 정리한 것입니다. 빈 칸에 알맞은 말을 넣으십시오.

서론
- 자연 흉내 내기의 어려움

버들치를 잡아 자연과 비슷한 환경을 만들어 주어도 알을 낳지 못함.

본론
- 인간의 자연 흉내 내기의 예 1

우주인들의 재활용과 우주선 농장

오줌 → .... 샤워나 세면한 물 → ....

연료전지 → .... 배설물 → ....

- 인간의 자연 흉내 내기의 예 2

생물권 2라 이름붙인 인공지구의 실패 사례

만든 사람	
만든 이유	
교훈	

결론
- 자연의 소중함

자연은 인류 모두가 숨쉴 수 있는 산소를 아낌없이 준다.

자연을 훼손하면 소중한 기능이 사라진다.

3. 다음을 읽고 맞으면 O표, 틀리면 X표 하십시오.

1) 우주선 농장에서는 배설물까지도 식물을 기르는 데 사용한다. (　　)

2) 자급자족 생태계를 꾸며 보려는 생물권 2 실험에서 새와 동물, 곤충들만 살아 남았다. (　　)

3) 토지의 절반, 식물이 만들어 낸 영양물질의 40% 이상을 인간이 독차지하고 있다. (　　)

써 봅시다

1. 환경보호에 대한 주제로 주장하는 글을 쓰려고 합니다. 다음과 같이 글의 짜임을 완성해 보십시오.

제목 : 댐 건설 반대

서론 • 실태 제시

최근 댐 건설에 따른 환경파괴가 심각하다.

본론 • 환경적 요인

생태계 파괴, ..., ...

• 경제적 요인

국가 재원의 낭비, ..., ...

결론 • 신중한 결정 촉구

신중한 검토와 국민 의견을 수렴하는 과정이 필수적이다.

제목 :

서론 •

....

본론 • ....

...., ..., ...

• ....

...., ..., ...

결론 • ....

....

2. 위의 짜임을 바탕으로 주장하는 글을 써 보십시오.

더 읽어보기

날씨도 사람 책임이다

정성희

우리나라에서 인기를 끈 '미드(미국드라마)'의 원조는 뭐니 뭐니 해도 'X파일'이 아닐까 싶다. 풍부한 감성의 멀더와 냉철한 스컬리. 미국연방수사국(FBI)의 남녀 요원이 펼치는 기기묘묘한 스토리와 컬트 취향이 골수 팬클럽을 만들기도 했다. 나는 '비를 만드는 사나이'란 에피소드가 X파일 내용 중 가장 황당하면서도 재미있었다.

얘기는 몇 년 동안 비가 한 방울도 오지 않은 마을에서 시작된다. 멀더와 스컬리 요원이 그 지역 이상기후의 원인을 조사하러 떠난다. 그래서 밝혀진 놀라운 진실은…. 기상청 직원이 범인으로 지목된다. 그 직원의 감정 상태가 날씨에 영향을 미쳤지만 그는 자신이 날씨를 조정해 온 사실조차 모른다. 멀더가 스컬리에게 묻는다. "날씨는 사람들의 기분에 큰 영향을 미치죠. 그렇다면 반대로 사람이 날씨에 영향을 미치는 것은 안 되나요?"라고. 그리고 인상적인 마지막 장면. 그 직원이 고교 시절부터 짝사랑해 온 여성에게 사랑을 고백하는 순간 햇볕 쨍쨍하던 하늘에서 단비가 쏟아진다.

인간의 감정이 날씨를 바꾼다는 발상이 신선하다. 하지만 현실에서는 인간이 날씨의 일방적 지배를 받아 왔다. 변덕스러운 날씨 앞에 무력하기만 했던 인간은 날씨를 신의 감정 표현이나 징벌 수단으로 받아들이기도 했다. 자연이 내리는 최대의 공포인 번개가 무서웠던 인간이 제우스를 '번개의 신'으로 묘사한 것이 단적인 예이다.

중세 마녀 사냥 모습

중세시대에도 궂은 날씨는 신이 보낸 재앙으로 여겨졌다. 1581~95년 프랑스 로렌과 트레브 지방에선 2700여 명이 마녀나 마법사란 누명을 쓰고 화형에 처해졌다. 트레브 지방 생시메옹 마을의 사제는 "뜻밖의 기후변화로 몇 년에 걸쳐 흉작이 계속된 탓에 시민들은 먹을 것이 없어 굶어 죽고 인심은 흉흉해졌다. 사람들은 악마의 부추김을 받은 마녀들 때문에 흉년이 계속

되는 것으로 생각했다"고 기록했다. 마녀재판을 연구한 역사가 볼프강 베링거는 유럽에서 마녀재판이 절정을 이룬 세 번의 시기가 최악의 혹한기와 정확히 일치한다고 발표했다.

한강에 홍수가 난 모습

그런데 현대과학은 X파일의 인간의 감정처럼은 아니지만 인간의 활동이 날씨에 지대한 영향을 미치고 있음을 밝혀내고 있다. 관개시설 또는 다목적댐의 건설과 산림 개간은 생태계 변화를 초래하고 기온과 일사량까지 달라지게 만든다. 고층 빌딩과 포장도로가 열섬 현상을 일으켜 대도시는 시골보다 훨씬 무덥다. 9 · 11테러로 뉴욕에 쌍둥이빌딩이 사라지면서 맨해튼 일대의 번개 패턴이 바뀌었다는 보고도 있다.

올해 우리나라 날씨는 참 이상하다. 나라 전체가 6월 말부터 비에 젖어 있었다고 해도 과언이 아니다. 9월 강수량이 평균 411.7mm로 1973년 이후 최대치였다. 슈퍼컴퓨터를 보유하고도 날씨 예측에 번번이 실패하는 기상청을 탓하는 이들도 있지만 날씨 예측 모델이 맞지 않을 만큼 이상기후가 잦은 것이 근본 문제일 것이다.

기상 전문가들은 한반도에 비가 많아진 원인으로 지구 온난화를 꼽는다. 기온이 올라가면 육지나 바다에서 증발량이 많아지고 증발된 수증기는 대기 속에서 순환하다가 물리적 지형적 조건이 맞으면 비가 돼 내리는 것이다. 온난화는 기온 상승뿐 아니라 지구 전체의 습도를 높이고 있다고 『네이처(Nature)』지 최신호는 전하고 있다.

지구 온난화는 인간 활동이 날씨에 영향을 준 가장 분명한 사례이다. 19세기 석탄시대, 20세기 석유시대가 21세기의 이상기후를 빚어 낸 것이다. 올해 다보스포럼부터 유엔총회, 노벨 평화상까지 국제 사회가 기후 변화에 대한 관심을 촉구한 것도 기후에 대한 인간 책임을 일깨우려는 노력의 일환이다.

인간은 날씨의 영향력 아래 있는 수동적 존재만은 아니다. 인간은 자연세계의 일부이고 자연과 상호작용하고 있다. 인간과 날씨의 관계에 대한 분명한 각성이 기후 변화의 재앙을 막는 해법의 기초이다.

1. 중세 때는 궂은 날씨의 원인을 무엇이라고 생각했습니까?

2. 21세기에 이상기후가 자주 나타나는 이유는 무엇입니까?

제6과 길거리와 문화

1. 위의 사진은 한국의 길거리에서 볼 수 있는 모습입니다. 여러분 나라에서는 길거리에서 어떤 모습을 볼 수 있습니까?

2. 여러분은 길거리를 어떤 곳이라고 생각하십니까? 이야기해 보십시오.

- 자유로운 만남이 이루어지는 곳
- 그 나라의 문화를 가장 잘 알 수 있는 곳
- 목적지에 가기 위해 지나가는 곳
- 물건을 파는 가게가 모여 있는 곳
- ....

문화 유전자[1], 길거리

🔊 CD: 06

김찬호

아이들은 자라나면서 가정에서 벗어나 골목길에서 또래[2] 집단이라는 새로운 세계를 형성한다. 거기에서 다양한 놀이를 체득하고 남자 아이들은 '골목대장'을 통해, 권력[3]관계를 경험한다. 지금은 많이 사라지고 있지만, 골목길은 아이들이 스스로 사회를 만들고 이를 배우는 터전이었다. 그러다가 어른이 되면서 점점 더 크고 복잡한 도로를 자주 접하게 된다. 도시의 대로는 다양한 인간 활동이 일어나는 현장이고, 자유로운 만남이 이루어지는 장소이다. 거기에서 기독교나 일부 민족 종교 신봉자들의 포교 행위가 이루어지고 선거철에는 길거리 유세가 펼쳐지기도 한다. 그런가하면 '길거리에 나앉다'(이럴 때는 '길바닥'이라는 표현을 더 많이 쓴다), '노숙인' 'street children' 같은 표현에서처럼 삶의 터전을 잃어버린 사람들이 정처 없이 떠도는 곳이기도 하다. 따라서 길거리를 '배회'한다는[4] 것은 유쾌한 '방랑'일[5] 수도 있고, 고단한 '방황'일 수도 있다.

한국 도시의 길거리는 유난히 북적대는[6] 편이다. 빠른 걸음걸이와 박진감 넘치는 도시의 모습은 인상적이다. 그리고 밤늦게까지 시끌벅적하다. 야간자율학습을 끝내고 학원 셔틀버스 앞에 줄을 서는 청소년들, 야근 후에 한잔하는 샐러리맨, 심야 데이트족들의 행렬 등으로 환하게 붐빈다. 거기에 맞물려 각종 서비스업에 종사하는 사람들도 꽤 늦은 시간까지 영업을 하고, 노점상들은 더 깊은 밤까지 불을 밝힌다. 한국을 방문한 외국인들은 그러한 거리의 활력에 끌리게 된다(반면에 행인들이 지나가면서 어깨를 부딪혀도 아무런 사과를 하지 않는 데 대해 불쾌해 하

강남역 주변 밤거리 사진

1) 유전자 : 자손에게 물려줄 유전의 내용을 담고 있는 화학 물질.

2) 또래 : 나이나 수준이 서로 비슷한 집단.

3) 권력 : 남을 복종시키거나 지배할 수 있는 힘. 특히 국가나 정부가 국민에 대하여 가지고 있는 강제력.

4) 배회하다 : 목적 없이 어떤 곳을 중심으로 이리저리 돌아다니다.

5) 방랑 : 정한 곳 없이 이리저리 떠돌아다님.

6) 북적대다 : 어떤 곳에 사람들이 붐비다.

면서 한국에 대한 부정적인 인상을 받는 곳도 바로 길거리이다). 예전에 어느 미국인과 서울 광화문에서 만난 일이 있었는데, 밤 10시쯤 커피숍에서 나왔을 때 그는 길거리에 사람들이 분주하게 오가는 것을 보고 경이로운 눈빛을 감추지 못했다. 그러면서 무슨 축제 하는 날이냐고 물어오는 것이었다. 물론 평범한 날 밤이었다. 그러나 여느 외국의 대도시 같으면 그 시간에 상점들이 모두 문을 닫고 거리도 한산할 것이다. 그에 비해 한국은 심야까지도 들썩인다. 웬만한 곳에는 사람들이 있기 때문에 안심하고 돌아다닐 수 있다. (중략)

그곳을 오가는 행인들 사이에는 농밀한[7] 시선의 상호작용이 이루어진다. 모두가 옷깃을 스치는 찰나의 인연이지만 서로 힐끗힐끗 쳐다보면서 견주고 음미하는 것이다. 자신이 불특정 다수의 타자들에게 어떤 모습으로 비치는가에 지극히 신경 쓰면서도, 동시에 거기에 전혀 연연해하지[8] 않는 듯한 모습을 연출한다. 번화가는 그런 마네킹들이 행진하는 패션쇼 무대이다. 뽐내는 몸짓과 부러워하는 눈빛이 복잡하게 교차하는 이미지의 경연장이다.

하지만 길거리에는 자생적인 문화 잠재력이[9] 숨어 있다. 거기에서는 우연한 만남과 즉흥적인 해프닝을 통해서도 창조적인 마음의 상승효과가 일어날 수 있다. 2002년 월드컵 길거리 응원의 신화는 바로 그 폭발적 에너지를 만끽한[10] 경험이었다. (중략)

응원하면서 드러내는 다채로운 몸짓들은 그처럼 갇혀 있고 꼬여 있던 생명의 에너지를 거리낌 없이 표출하는 제전이었다. 광장에서 새삼 발견한 축제에 대한 열망, 그것은 인간이 현실을 벗어나 어떤 커다란 것에 온전히 자기를 몰입시키고자 하는 초월[11] 의지, 비일상으로의 탈출, 그 판타지 안에서 일상을 다시 바라보는 기쁨….

길거리 공연

7) 농밀하다 : 서로 사귀는 정이 두텁고 가깝다.

8) 연연해하다 : 어떤 일을 잊거나 포기하지 않고 계속하여 마음을 쓰다. 또는 매우 그리워하다.

9) 잠재력 : 속에 숨어 있는 힘.

10) 만끽하다 : 충분히 만족할 만큼 즐기다.

11) 초월 : 어떠한 한계나 표준을 뛰어넘음.

거창한 이벤트가 아니더라도 이따금 거리에는 광장이 탄생한다. 익명의[12] 사람들이 제각기 목적지를 향해 뿔뿔이 움직이는 길거리. 그런데 그렇듯 서로가 단절된 공간에 이따금 공동의 마당이 열린다. 거리의 악사가 멋진 연주를 하면 행인들이 삼삼오오 모여들어 객석을 만들어내는가 하면, 누군가가 저지르는 어떤 불의를 목격하면서 군중심리로 한순간 일심동체가 되기도 하는 것이다. 한국에서 배출된 비보이(B-boy)들도 길거리를 모태로[13] 하고 있다. 최근에는 아예 지방자치단체가 '걷고 싶은 거리' 나 '문화의 광장' 등을 조성하는 경우도 있다. 이러한 공간에서 청소년 어울마당이나 댄스 경연 대회, 길거리 농구 대회 같은 프로그램이 운영되기도 한다. 이때 길거리는 잠시 머물고 싶은 공간으로 바뀐다.

길거리는 공적 영역과 사적 영역 사이에 있는 제3의 공간, 업무와 일상의 굴레에서[14] 풀려나는 완충지대이다.[15] 윗사람의 눈치를 볼 필요가 없고 공부의 압박에 시달리지 않아도 되는 그 공간은 일종의 안식처이다.[16] 또 길거리는 언제나 표현과 소통의 공간이 될 수 있다. 황량한 빈민가에서[17] 힙합이 태동하였듯이[18], 삭막한[19] 도시에서도 젊은이들은 다양한 멋과 스타일을 창출해간다.

비일상의 즐거움을 잉태하는 일상 공간, 질서와 무질서가 맞물리면서 도시문화를 빚어내는 그릇과도 같은 길거리에서 출렁이는 인파는 저마다 삶의 빛깔을 랩으로 읊으며 화음을 울리고 싶다. 경쾌한 발걸음의 율동으로 어울리고 싶다.

---

12) 익명 : 이름을 숨김.

13) 모태 : 사물이 발생하거나 발전하는 근거가 되는 토대.

14) 굴레 : 부자연스럽게 얽매이는 일을 비유적으로 이르는 말.

15) 완충지대 : 급격한 충돌이나 충격, 긴장을 풀어 주는 곳.

16) 안식처 : 편안히 쉴 수 있는 곳.

17) 빈민가 : 가난한 사람들이 모여 사는 거리나 동네.

18) 태동하다 : 어떤 일이 일어날 기운이 생기다.

19) 삭막하다 : 황폐하고 쓸쓸하다.

• 글쓴이 소개

김찬호 (1964~)

연세대학교 사회학과 대학원을 졸업하고 일본 오사카 대학 객원 연구원, 서울시 대안교육센터 부센터장을 지냈다. 현재 한양대학교 문화인류학과에서 강의하면서 청소년 교육과 문화, 가족 관계와 부모 자녀 소통, 마을 만들기, 창의적 발상, 지구촌 시대와 문화 간 커뮤니케이션 등에 대해 강의를 하고 글을 쓰고 있다.

어휘 연습

1. 다음에서 관련이 있는 단어들을 찾아 알맞게 연결해 보십시오.

1) 방랑 •	• 경직 •	• 도로
2) 긴장 •	• 구속 •	• 방황
3) 대로 •	• 배회 •	• 삼엄
4) 단절 •	• 골목 •	• 고립
5) 굴레 •	• 소외 •	• 억압

2. 다음의 각 문장 속에서 문맥상 밑줄 친 부분과 **대립적인 의미**로 쓰인 표현에 밑줄을 그어 보십시오.

1) 여느 외국의 대도시 같으면 그 시간에 모두 문을 닫고 거리도 **한산할** 것이다. 그에 비해 한국은 밤늦게까지 시끌벅적하다.

2) **번화가**는 그런 마네킹들이 행진하는 패션쇼 무대이다. 황량한 빈민가에서 힙합이 태동하였듯이, 삭막한 도시에서도 젊은이들은 다양한 멋과 스타일을 창출해간다.

3) **뽐내는 몸짓**과 부러워하는 눈빛이 복잡하게 교차하는 이미지의 경연장이다.

4) 자신이 불특정 다수의 타자들에게 어떤 모습으로 비치는가에 **지극히 신경 쓰면서도**, 동시에 거기에 전혀 연연해하지 않는 듯한 모습을 연출한다.

5) 서로가 **단절된 공간**에 이따금 공동의 마당이 열린다. 응원하면서 드러내는 다채로운 몸짓들은 그처럼 **갇혀 있고 꼬여 있던** 생명의 에너지를 거리낌 없이 표출하는 제전이었다.

3. 다음 문제를 보고 답을 쓰십시오.

1) 보기와 같이 문장을 만드십시오.

맞-바꾸다 그는 내 모자와 자기 가방을 맞바꾸자고 제안했다.

물리다 ……………………………………

받아치다 ……………………………………

서다 ……………………………………

2) 관계있는 것을 골라 연결하십시오.

눈빛 •	• 감시하다
몸짓 •	• 부러워하다
시선 •	• 알아차리다
눈치 •	• 뽐내다

3) 아래 문장에 적절한 단어를 골라 쓰십시오.

힐끗힐끗 헐레벌떡 슬그머니 꾸벅꾸벅 꾸역꾸역

- 그는 어깨 너머로 자꾸 나를 ( )쳐다봤다.
- 김 과장은 밤새 잠을 설쳤다고 하더니 책상에 앉아 ( ) 졸기만 한다.
- 그 사람은 양해도 구하지 않고 내 옆에 ( ) 앉아 버렸다.
- 아무 말도 하기 싫어 차려 놓은 음식을 ( ) 먹으며 시선을 피했다.
- ( ) 뛰어 들어온 그의 머리는 헝클어져 있었고 땀에 젖어 있었다.

내용 이해

1. 글쓴이는 이 글의 제목을 왜 '문화 유전자, 길거리'라고 했습니까? (　　　)

❶ 길거리가 전통문화를 유지하기 때문에

❷ 젊은이들이 길거리에서 멋과 스타일을 표현해서

❸ 길거리에서 또래 집단이 제일 먼저 형성되기 때문에

❹ 다양한 문화를 가장 잘 보여 주는 곳이 길거리이기 때문에

2. 다음은 이 글의 짜임을 정리한 것입니다. 빈 칸에 알맞은 말을 넣으십시오.

처음
- 길거리와 우리의 삶

골목길은 아이들이 스스로 사회를 만들고 배우는 터전이며,
도시의 대로는 어른이 되면서 다양한 인간 활동을 경험하는 곳이다.

중간
- 한국 도시의 길거리

1) 북적대고 시끌벅적하다.
2) 행인들 사이에 시선의 상호작용이 이루어진다.
3) ....
4) 공동의 마당, 광장이 탄생한다.

끝
- 글쓴이가 본 길거리

공적 영역과 사적 영역 사이에 있는 제3의 공간이다.

....

표현과 소통의 공간이다.

3. 다음을 읽고 맞으면 O표, 틀리면 X표 하십시오.

1) 한국 도시의 밤거리는 축제와 행사로 항상 북적댄다. (　　　)

2) 길거리는 삭막한 도시를 공동체의 공간으로 바꾸어 주는 곳이다. (　　　)

3) 길거리는 일상적인 업무와 생활에서 벗어나게 해 주는 곳이다. (　　　)

이야기해 봅시다

- 아래의 장소는 어떤 공간인지 이야기해 보십시오.

아파트

노래방

재래시장

찜질방

- 세상 소식을 들을 수 있는 곳이다.
- 도시인의 휴식 공간이다.
- 피로를 풀면서 가족 모임을 갖는 곳이다.
- 도시적 편리함을 맘껏 누릴 수 있는 곳이다.
- 인간관계를 맺는 만남의 공간이다.
- ....
- ....
- ....

더 읽어보기

서울 인사동

김진애

인사동은 우리나라에서 가장 유명한 전통 동네다. 옛 모습 그대로 있는 다른 명소들도 많지만, 인사동은 활발한 도심 속에 있어서인지 훨씬 더 가깝게 느껴진다.

"인사동에서 만나요!" 분위기 풍기는 말이다. 인사동을 '제 2의 당신 동네'로 삼고 있는 수많은 작가, 시인, 화가, 지식인들이 아니더라도 요새는 젊은이도, 아줌마도, 어린 학생들도 인사동에서 만나길 즐긴다. '인사동에서 만나는 그 느낌'이 어딘지 각별한 것이다.

인사동은 사실 떠도 너무 떴다. 너무 많은 사람들이 찾아온다 싶을 정도다. 주중엔 5−6만, 주말엔 10만여 명이 몰린다. 일요일 오후에 가면 깜짝 놀랄 정도다. 외국 사람은 또 어떻게 그렇게 많은가? 빠지지 않는 관광코스다.

인사동의 변화를 애석해 하는 사람도 많다. 고즈넉하고 고급스런 진짜 전통 동네로 추억하는 세대들이다. "그때가 좋았어!" 뜨내기는 희귀했고 토박이와 단골들이 그 어떤 품격을 이루었다. 수입품은커녕 '순 우리 것'만 있었다. 나 역시 그때를 어딘가 '옷깃을 여미는 분위기'로 기억한다.

88올림픽 이후로 대중적인 전통 동네가 된 지금, 인사동은 분위기는 있지만 옷깃을 여미는 분위기는 아니다. 전통은 '살 수 있는 소품'으로, '마실 수 있는 차'와 '먹을 수 있는 요리'로, '입을 수 있는 옷'으로, '볼 수 있는 과정'으로 가깝게 다가온다. 한편 애석하지만 다른 한편 신선한 변화다.

변화하는 인사동에서 여전히 인사동이라고 느낄 수 있는 요체는 뭘까? 아무리 시간이 지나도 남아 있을 듯한 것이 뭘까? 가장 인사동다운 것이 뭘까? 물론 한옥도 있고, 기왓장도 있고, 담장도 있겠다. 그러나 인사동의 가장 인사동다움은 '골목 전통'과 '텃밭 전통'이 아닐까?

인사동길은 종로변 남인사마당부터 안국동 로터리 북인사마당까지 불과 600미터 길이다. 그러나 옆으로 뻗어 있는 골목은 마치 실핏줄처럼 인사동을 누빈다. 그 총 길이는 20여 킬로미터. 인사동과 비슷한 크기의 강남 코엑스 블록의 길의 길이에 비하면 10배는 길다. 인사동이 '캐도 캐도 잘 모르겠는 매력 동네'이고, 코엑스 동네는 '한눈에 간파되는 비즈니스 동네'인 이유다.

인사동은 마치 '잎새' 같은 모양이다. 또는 '뿌리 깊은 나무'의 모양이라 할까? 인사동이 그 아무리 변해도 골목만큼은 지켜야 하는 이유다. 그동안 없어졌던 골목도 오히려 다시 살려야 할 판이다.

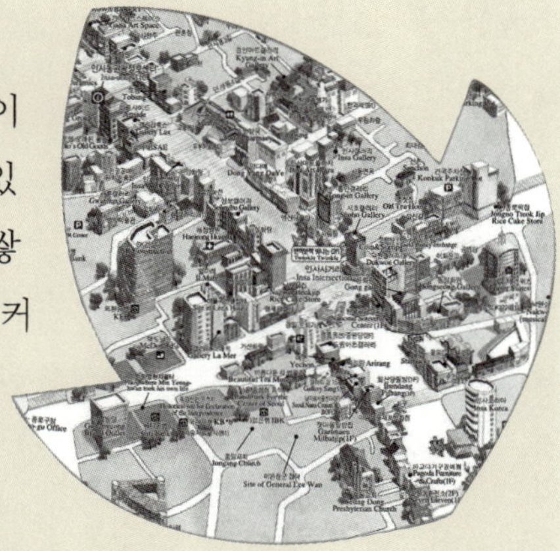

골목 전통을 받쳐 주는 것이 인사동의 텃밭 전통이다. '마당 있는 집'이 아니더라도 어느 집 앞에나 있는 텃밭. 담장 밑, 대문 옆에, 기왓장이나 벽돌을 쌓아 구획을 만들기도 한다. 작은 것은 한두 자 폭, 커봤자 서너 자 길이지만 열심히 심는다. 텃밭 만들 땅이 없으면 화분이나 돌확이라도 갖다 놓고 심고 또 심는다. 주인의 손길이 느껴진다. 텃밭 천국이다.

어느 한식집은 몇십 년째 분꽃만 심는다. 어느 카페 앞에는 나지막한 조릿대가 담장에 기대 있다. 어느 찻집 앞에는 각종 초화가 유명하고 물확에 부레옥잠도 띄워 놓고, 닭도 있고 새도 난다. 어느 담장 옆의 조롱박은 덩굴이 올라가 칠팔월엔 골목 위에 그늘을 드리워 준다. 채송화, 봉숭아, 맨드라미, 호박, 오죽, 매화, 백일홍, 담쟁이도 찾을 수 있다.

'사람 살던 동네' 였기 때문에 텃밭 전통이 이어지는지도 모른다. 마치 몇백 년 동안 그렇게 있었던 것 같지만 인사동 골목이 생긴 것은 1930년대부터다. 워낙 양반 동네였지만, 양반들이 몰락하면서 땅을 쪼개 골목 만들어 집 지어 살고, 양반들이 내 놓은 골동품을 팔면서 고서화집, 도자기집, 필방도 생기고, 큰길가의 화랑도 인사동도 마치 텃밭의 식물처럼 자라온 것이다.

북인사마당에 앉아 있으면, "이게 끝이야..."하면서 실망하는 듯한 젊은이들의 말이 들리곤 한다. 그들은 인사동 큰길만 걸은 것이다. 그게 아니다. 인사동의 진짜는 미로 같은 골목 속에 있다. 휘는 골목, 꺾이는 골목, 막다른 골목, 남의 집 뒤뜰을 거치는 골목. 무한궤도 골목 사이사이를 이어가는 비취 같은 텃밭 푸른 이파리들과 꽃송이들. 인사동은 무한동네다.

마치 '황무지' 같은 현대 도시를 그나마 덜 잔인하게 만들려면 도시를 자연으로 대하면 된다. 비록 작은 골목이지만, 비록 작디작은 텃밭이지만, 씨앗을 심으며 야들야들하고 파릇파릇한 생명의 기쁨을 맛보는 것, 그것이 삶이다. 생명은 나고 전통은 자란다. 인사동의 전통은 골목으로 텃밭으로 무한히 이어지리라. 이 봄이 가고 또 우리가 가도.

1. 글쓴이는 인사동이 대중적인 전통 동네가 되기 이전의 분위기를 어떻게 설명했습니까?

2. 글쓴이는 인사동의 전통이 무엇을 통해 이어진다고 합니까?

제 7 과 영화로 본 한국

1. 여러분이 본 한국영화에 대해서 〈가〉를 중심으로 이야기해 보십시오. 그 영화는 어떤 영화였는지 〈나〉를 중심으로 이야기해 보십시오.

〈가〉	〈나〉
	풍자하다
소재	과장하다
주제	미화하다
배경	포장하다
결말	비판하다
시각/관점	표현하다
	시사하다

2. 한반도 분단에 관한 영화를 본 적이 있습니까? 어떤 영화를 보았는지 이야기해 봅시다.

CD: 07

「웰컴 투 동막골」과 '분단 영화'를 보는 시각

이슈의 배경

2005년 최고의 흥행[1] 기록을 세운 「웰컴 투 동막골」(이하 「동막골」)의 대박 성공은 시사하는[2] 바가 크다. 최근 몇 년간 분단이나 이념을 이슈로 삼은 한국영화들이 사회적 이슈를 일으키며 흥행에 성공하는 경우가 많았다. 「쉬리」와 「공동경비구역 JSA」(이하 「JSA」), 「태극기 휘날리며」(이하 「태극기」) 등이 그 예인데, 분단 영화의 성공 신화를 「동막골」이 이은 셈이다. 「동막골」 신드롬에 대해서는 분단이라는 한국적 상황을 잘 활용한 이야기와 영화적 재미를 적절히 배합한 기획의 승리라는 분석이 나오고 있다. 하지만 「동막골」에는 분단이나 이념 문제를 다룬 기존의 영화들과 구별되는 특징이 발견된다. 분단을 다룬 기존 영화와 무엇이 다르고 그 변화는 어떤 의미를 가지는가?

분단 영화의 진화

흥행을 목적으로 한 상업적 기획과 사회·정치적 해빙 무드로 국민적 관심을 불러 모았던 일련의 분단 영화들은 일종의 '역사 다시 쓰기'와 '이데올로기 벽 허물기' 작업의 일환이었다. 잊혀졌거나 잘못 알려졌던 역사적 기억을 복원하고[3] 경색돼[4] 있던 남북 간 갈등을 영화를 통해서라도 풀어 보자는 의도가 담겨 있었던 것이다. 분단을 화제로 삼았던 영화의 발전 과정을 더듬어 보면, 그 영화들은 정치적인 색깔을 짙게 띠었던 이야기에서 사적인 이야기로 방향을 옮겨 왔다. 「남부군」, 「그 섬에 가고 싶다」, 「태백산맥」 등 1990년대 초까지의 분단 영화들이 '역사에 대한 반성적 되돌아보기'를 시도했다면 「쉬리」, 「JSA」, 「태극기」, 「동막골」 등 2000년대 분

1) 흥행 : 돈을 받고 영화, 연극 등을 보여 줌.

2) 시사하다 : 간접적으로 알려 주다, 암시하다.

3) 복원하다 : 원래의 상태나 모양으로 돌아가게 하다.

4) 경색되다 : (정치나 경제 활동이) 제대로 이루어지지 못하고 막히고 긴장되다.

단 영화들은 역사적 무게감을 조금 덜어냈다. 「쉬리」는 남북 관계를 남녀 간의 애증으로 풀어내 민족의 대립을 안타까운 시선으로 응시했고, 「JSA」는 공동경비구역에서 피어난 남북 병사들의 우정과 그것을 파괴해 버린 보이지 않는 외부의 힘을 우회적으로[5] 비판했다. 「태극기」는 「쉬리」의 남녀 관계를 형제 관계로 바꾼 버전이었다. 2000년대 분단 영화에서 볼 수 있는 공통점은 정치적 신념과 개인 간의 갈등이다. 「쉬리」의 대립은 이데올로기적 신념(체제의 차이에서 오는 대결)과 개인적 신념(연인에 대한 사랑)이 상충되는[6] 상황에서 발생한다. 대다수 인물의 죽음으로 끝나는 「JSA」의 대립 구도 역시 유사한 양상을 보인다. 이처럼 2000년대 분단 영화는 민족이나 개인끼리의 소통과 결합을 가로막는 이데올로기의 해악성을 지적하고 있다.

「동막골」과 기존 분단 영화의 차이

「동막골」은 분단을 소재로 삼은 이전 영화들과도 조금 다른 관점을 취한다. 이 영화는 한국전쟁과 이념을 판타지로 푼 첫 번째 사례일 것이다. 「쉬리」, 「JSA」, 「태극기」 등이 무겁고 진지한 톤으로 분단을 다뤘다면 「동막골」은 판타지와 코미디라는 가벼운 코드로 그 문제에 접근한다. 앞의 세 영화들이 분단 이데올로기를 끊임없이 환기하며[7] 극적 갈등의 중심에 '분단'이라는 주제를 위치시키는 데 반해, 「동막골」은 이야기가 진행될수록 남북 병사들의 갈등을 지워 버린다. 작전을 잘못 이해하고 남한으로 내려 온 인민군과 본대에서 이탈한[8] 국군들이 신비한 마을 동막골에 흘러들게 된 뒤부터 분단과 이념 대립이라는 상황은 이야기의 중심에서 점점 종적을 감춘다.[9] 이 영화가 이처럼 이념적 갈등 상황을 제거할 수 있었던

5) 우회적으로 : 직접적인 방법이 아닌 간접적인 방법으로.

6) 상충되다 : 서로 맞지 않고 어긋나다, 서로 충돌되다.

7) 환기하다 : 기억을 불러일으키다, 되살리다.

8) 이탈하다 : (어떤 범위나 대오 등에서) 떨어져 나가거나 벗어나다.

9) 종적을 감추다 : 사라지다.

것은 현실과는 거리를 둔 영화의 판타지적 색깔 때문이다.

「동막골」은 한국전쟁을 배경으로 깔고 있지만 현실 감각을 철저히 배제한[10] 이야기이다. 즉, 이 영화가 보여 주려는 건 전쟁이나 이념이 아니다. 전쟁은 병풍처럼 배경으로만 존재하고 마지막 순간 주제의 환기를 위해 잠깐 등장할 뿐이다. 기존 분단 영화와의 가장 큰 차이점은 바로 이 분단 상황을 지워 버리려는 의도와 현실에서 벗어나려는 판타지성에서 발견할 수 있다. 판타지는 현실에서 일어날 수 없는 일을 다룬다. 현실에서 일어날 수 없기 때문에 과장과 미화가 가능하다. 밖에서는 총부리를 겨눈 전쟁이 한창인데, 강원도 두메산골 정체 모를 마을에 모인 국군과 인민군, 불시착한 연합군 전투기 조종사가 마을 사람들과 어우러져 이념의 해방구를 만든다는 설정은 그 자체로 허구적이다.[11]

「동막골」은 현실 공간을 자유로운 상상이 가능한 판타지 공간으로 전복시킴으로써[12] 역사적 시공간을 유희의[13] 장으로 만든 것이다. 거기에는 분단 이데올로기가 만든 골 깊은 대립과 상처를 '판타지'라는 예술적 형식으로 어루만지려는 의도가 담겨 있다.

흥행 코드에 담긴 대중적 무의식

흥행에 성공한 분단 영화에는 대중의 환대를 받을 만한 요소들이 담겨 있다. 먼저 그것은 정면에서 분단 문제를 다루지 않는다. 「쉬리」, 「JSA」, 「태극기」, 「동막골」은 모두 역사적 시각으로 그것에 접근하기보다 다분히 사적이고 인본주의적인[14] 태도를 취한다. 여기에는 영화 소비를 주도하는 계층의 대부분이 전쟁을 체험하지 못한 전후 세대들이라는 점도 한몫을 했다. 전쟁을 직접 경험하지 못한 이들에게 분단은 피부로 절감할 수 있는 긴요한 문제가 아니다. 분단 영화들이 남녀 간의 사랑(「쉬리」)이나 우정(「JSA」), 가족애(「태극기」) 등 정서적 공감대 형성이 가능

10) 배제하다 : 무엇을 어떤 것으로부터 제외하거나 빼 놓다.

11) 허구 : 사실이 아닌 것을 사실처럼 만들어낸 것.

12) 전복시키다 : (차나 배를) 뒤집다, 뒤집혀 엎어지게 하다, (정권이나 체제를) 무너뜨리다, 뒤집어엎다.

13) 유희 : 즐겁게 노는 것.

14) 인본주의 : 인간이 모든 것의 중심이 된다는 사상.

한 코드를 끌어들이는 이유가 여기에 있다. 이들 영화는 분단이라는 다소 멀게 느껴질 수 있는 이슈를 사랑과 우정, 가족애 등 보편적 이야기로 포장함으로써 공감대를 형성한다.

「동막골」에서 이런 기능을 하는 것은 '이념의 차이를 넘어 선의를 가진 모든 인류는 하나'라는 사해동포주의이다. 남한군도 북한군도 연합군도 촌사람도 도시 사람도 모두 화합해야 할 친구이며 똑같은 사람이라는 의식이다. 여기서 짚고 넘어갈 것은 분단 영화가 대중들의 지지를 얻어낼 수 있었던 이유는 사회적 금기에 대한 위반 의식 때문이라는 점이다. 반공 이데올로기의 위협 탓에 금기시됐던 생각들을 자유롭게 발언할 수 있는 표현의 자유가 한국 영화계에도 생긴 것이다. 정치 · 사회적 이유로 오랜 기간 이념적 억류[15] 상태에 있던 한국인들의 의식은 이같은 위반을 통해 카타르시스를 얻는다. 동막골 폭격을 결정하는 연합군 본부의 반인륜적인 처사를 보여 주는 영화의 마지막 부분에서 드러나듯 「동막골」에는 또 다른 금기였던 반미적 색채도 있다. 미국 방송 저널 CNN이 「동막골」 신드롬을 취재해 간 이유도 '한국인들이 반미 영화에 열광한다'는[16] 사실 때문이었다. 근년 들어 미국에 대한 반감을 노골화하고[17] 있는 국민 정서도 관객들이 이 영화에 열광하는 데 한몫을 한 것으로 보인다.

휴머니즘은 이념의 골을 메우는가?

「동막골」은 분단과 이념의 대립이라는 한국의 특수한 상황을 판타지와 코미디라는 보편적인 코드로 풀어내 의미와 재미를 동시에 충족시켰다. 영화는 분단이라는 민족적 이슈의 해결책보다 휴머니즘의 복원을 부르짖는다.

일각에서는 「동막골」 같은 영화가 담고 있는 역사에 대한 허구적 접근이 역사에 대한 시각 자체를 왜곡시킬[18] 수 있음을 우려한다. 객관적 사실로 존재해야 할 역사를 극적 허구 또는 판타지의 틀 속에 가둠으로써 역사의식의 형성을 방해할 수 있다는 것이다. 하지만 이는 국가 정책이나 학자의 논설에 어울릴지 몰라도 예술 작품에 들이댈 만한 비판의 요지는 아니다. 「동막골」을 위시해[19] 한국전쟁을 소재로 한 영화가 관객들의 열광적인 지지를 받는 이유는 그것이 우리 시대의 무의식을

15) 억류 : (마음대로 행동하지 못하게) 강제로 붙잡아 두는 것.

16) 열광하다 : 몹시 흥분하여 대단히 신이 나다.

17) 노골화하다 : 마음속에 있는 그대로 숨김없이 드러내다.

18) 왜곡하다 : (사실이나 진실과) 어긋나게 하다.

19) 위시하다 : (여럿을 차례로 들어 말할 때, 어떤 대상을) 시작이나 첫째로 삼다.

암묵적으로[20] 반영하는 거울의 역할을 하기 때문이다.

분단 영화는 이념 대립과 갈등이라는 정치적 이슈를 직접적으로 다루지 않는다. 그것은 인간이 인간을 미워하고 해하려는 마음이 어디서 오고 어떤 비극적 결과를 초래하는가를, 한국이라는 나라가 처한 '분단'이라는 특수 상황을 통해 보여 준다. 분단과 대립은 남북 관계뿐 아니라 한국 사회 곳곳에 상존하는 위협이다. 첨예한[21] 대립과 분열의 시기를 살아가는 우리들에게 이 영화가 허구적으로 가공된[22] 과거의 이야기로만 보이지 않는 이유가 여기 있다.

20) 암묵적이다 : 내용을 겉으로 드러내거나 표현하지 않다.

21) 첨예하다 : (생각, 사태 등이) 급진적이고 격해지다.

22) 가공 : 현실적 근거가 없거나 사실이 아닌 꾸며낸 것.

어휘 연습

1. 다음에서 관련이 있는 단어들을 찾아 알맞게 연결해 보십시오.

1) 갈등 •	• 가상 •	• 대중의 환대
2) 허구 •	• 특징 •	• 대치
3) 색채 •	• 대립 •	• 가공
4) 시각 •	• 인기 •	• 시점
5) 흥행 •	• 관점 •	• 양상

2. 빈 칸에 공통으로 들어갈 단어를 골라 쓰십시오.

배제하다　　초래하다　　왜곡하다　　복원하다　　상충하다

1) ㄱ. 방화로 인해 불타버린 숭례문을 .... 기 위한 공사가 한창 진행 중이다.
   ㄴ. 유물로 남겨진 활의 원형을 .... 는 것은 여간 어려운 일이 아니다.

2) ㄱ. 검찰이 진실을 .... 었다는/았다는/였다는 비난의 소리가 높다.
   ㄴ. 식민지 통치는 민족적 전통을 파괴하고 .... 는 갖가지 정책을 내놓았다.

3) ㄱ. 돈에 대한 지나친 욕심은 자칫 불행을 .... 기 쉽다.
   ㄴ. 이런 결과를 .... 은/ㄴ 이유를 함께 찾아 보기로 하자.

4) ㄱ. 기자는 모든 가능성을 .... 지 않고 조사에 착수했다.
   ㄴ. 철학은 모든 감정을 .... 은/ㄴ 이성 중심의 학문이다.

5) ㄱ. 개발과 보존이 ....는 예가 늘고 있다.

ㄴ. 종업원과 경영자의 기대가 ....으면/면 갈등이 생기기 마련이다.

3. 다음 문제를 보고 답을 쓰십시오.

1) 다음 중 성격이 다른 단어를 고르십시오.

( ) ❶ 우회적이다 ❷ 간접적이다 ❸ 직선적이다 ❹ 비유적이다

( ) ❶ 외면하다 ❷ 반감을 드러내다 ❸ 환대하다 ❹ 배척하다

( ) ❶ 상충하다 ❷ 대립되다 ❸ 수용하다 ❹ 대결하다

2) 다음 단어들이 반의어가 되도록 올바르게 연결하십시오.

무 •	• 폭력, 무장
비 •	• 책임, 질서
반 •	• 국가, 정부 시위
불 •	• 안정, 분명

3) 아래 문장에 적절한 단어를 골라 쓰십시오.

허구적 이념적 주관적 비극적 이상적 극적 현실적

- 사랑으로 결실을 맺은 결혼만이 ( )인 결혼이라 믿는다.
- 그들은 모였다 하면 정치에 관한 ( )인 논쟁을 벌이곤 했다.
- 이틀간 폭설에 묻혀 고립된 이들이 지나가는 행인에 의해 ( )으로/로 구조되었다.
- 그들의 사랑은 결국 이루어지지 못하고 ( )인 종말을 가져왔다.
- 비평이란 작품에 대한 글을 쓰는 이의 ( )인 견해가 실린 글이다.

내용 이해

1. 「웰컴 투 동막골」이 기존의 분단 영화와 **다른 점**은 무엇입니까? (　　　)

❶ 영화를 통해 역사를 반성하고자 했다.

❷ 영화를 통해 남북한 갈등을 풀어 보고자 했다.

❸ 판타지 형식을 통해 분단 문제를 다루고자 했다.

❹ 이념과 갈등의 구조를 직접적으로 다루고자 했다.

2. 다음은 이 글의 짜임을 정리한 것입니다. 빈 칸에 알맞은 말을 넣으십시오.

처음

• 이슈의 배경

「동막골」이 기존 분단 영화와 다른 점은 무엇이고 그 의미는 무엇인가?

중간

• 분단 영화의 진화

1990년대 초반까지의 분단 영화: 역사에 대한 반성적 되돌아보기

2000년대 분단 영화: ....

....

• 「동막골」과 기존 분단 영화의 차이

「쉬리」, 「JSA」, 「태극기」	「동막골」
무겁고 진지한 톤	
분단이라는 주제가 갈등의 중심	이야기가 진행될수록 분단이라는 갈등이 해소

따라서, 동막골은 ....

• 흥행 코드에 담긴 대중적 무의식

분단영화의 흥행 성공 이유

....

끝

• 휴머니즘은 이념의 골을 메우는가?

인간 사이에서 일어날 수 있는 문제를 분단이라는 한국의 특수한 상황을 통해 보여 줌.

3. 다음을 읽고 맞으면 O표, 틀리면 X표 하십시오.

1) 「동막골」은 전쟁을 다룬 영화들 중 처음으로 흥행에 성공했다. (　　)

2) 「동막골」의 성공 요인 중 하나는 사회적 금기를 다룬 것이다. (　　)

3) 「동막골」의 주요 관객은 전쟁을 경험한 세대였다. (　　)

써 봅시다

- 다음은 이 영화의 앞부분에 해당되는 줄거리입니다. 읽은 후에 그 다음은 어떤 이야기가 전개될지 써 보십시오.

1950년 11월, 한국 전쟁이 한창일 때 산골마을인 동막골에 미 전투기 한 대가 추락한다. 동막골에 살고 있는 소녀는 이 광경을 목격하고 소식을 전하러 가던 중 인민군 일행을 만나게 되고 그들을 동막골로 데리고 온다. 바로 그 때, 군대에서 이탈해 길을 잃은 국군 일행이 동막골 촌장의 집까지 찾아오게 되면서 국군, 인민군, 연합군이 동막골에 모이게 된다.....

이후 이야기...

영자와 엽기적인 그녀

이효인

> 적어도 1980년까지는 영자는 흔한 이름이었다. 그것은 근대화에 부응하면서도 문화적으로는 부응하지 못한 사람들의 작명력의 한계이기도 했다. 「영자의 전성시대」 속의 영자는 당시 이농현상과 연관된 사회적 맥락 속에 나온 인물이다. 그로부터 십 몇 년이 지난 후 개그우먼 이영자는 '영자'를 당당하게 상품화하면서 인기를 누리다가 낙마하고 말았다. 그러나 곧이어 또 다른 영자가 등장했다. 「엽기적인 그녀」의 '그녀'가 영자의 뒤를 이은 것이다. 하지만 21세기에 나타난 '그녀'는 다른 영자였다. '그녀'의 역할은 욕망을 솔직하게 드러내거나 사회적 위계질서를 벗어날 수 있는 욕구의 대리 실현자였다.

미모를 갖춘 21세기의 '영자'

「영자의 전성시대」의 영자로부터 20여 년 후에 등장한 영자는 운명에 치이고 불행에 잠식 당한 그런 영자가 아니었다. 운명을 헤쳐 나갈 줄 알고 신체적 불리함을 오히려 무기 삼아 대중들에게 즐거움과 우월감을 안겨 주는, 그런 영자였다. 이 영자가 불운하고도 억울한 소동에 의해 쫓겨날 즈음, 영자는 다시 부활하게 된다.

영자만큼 뻔뻔스럽지만 미모를 갖춘 영자, 그녀는 바로 「엽기적인 그녀」(곽재용, 2001)의 '그녀'였다. 그녀는 영자와 별반 다를 바 없거나 더 심했다. 하지만 미모 덕택에 모든 것을 용서 받을 수 있었다. 개그우먼 이영자가 자신의 불리한 신체 구조를 적극적으로 드러내면서 인기를 누렸다면 '엽기적인 그녀'는 날씬한 몸매와 예쁜 얼굴, 그리고 '엽기적인 행동'으로 인기를 누렸다. 그녀는 남자에게 걸핏하면 "…할래 아니면 죽을래?" 라고 협박했고, 술을 엄청 마셔 댔고, 전철 안에서 다른 사람 머리 위에 토하기도 했다. 그것을 사람들은 '엽기'라고 불렀는데, 이 엽기란 단어 속에는 묘한 울림이 있다. 누구라도 하고 싶지만 아무나 할 수 없는 짓. 혹은 '누구에게라도 놀라운 짓이지만 귀여운 짓'이라는 울림이 진동하고 있는 것이다. 「엽기적인 그녀」의 '그녀'를 쫓아다니는 견우에게 그녀는 갖은 수모와 고통,

그리고 서러움을 안겨 주지만 그녀의 행동은 '위악적인 것'일 뿐이었다. 그녀에게는 떠나 보낸 옛 애인을 향한 연모의 고통이 남아 있었기 때문이다.

「영자의 전성시대」가 시대를 대표하는 사실적인 인물이었다면, 개그우먼 이영자는 그 사실성을 변용해서 상품으로 만들었고, 「엽기적인 그녀」의 그녀는 동시대 여성들이 마음 속으로 바라는 대표적인 여성상 중의 하나였다. 그녀는 경박했고 즉흥적이었으며 한 남자의 일생을 좌지우지할 수 있는 미모를 가졌다. 만약 미모가 없었다면 그녀의 모든 행동과 말은 천박함으로 추락했겠지만, 미모는 모든 것을 방어할 뿐 아니라 오히려 그것들을 선망적인 매력이 되게 만든 셈이다. 커리어가 없어도 가능한 자유분방함, 경박해도 수용되는 귀여움, 수호천사 혹은 몸종 같은 남자를 거느릴 수 있는 매력. 학력이나 미모, 커리어 등에 의해 인간들의 등급이 매겨지는 사회 속에서 '그녀'는 스크린 속에서나마 관객들에게 위안을 주었다.

이런 점은 몸에 대한 우리들의 태도를 반영하는 것이기도 하다. 이제 몸을 가꾸지 않은 사람은 지적으로도 게으른 사람으로 치부되고 있다. 이제 몸은 우리 것이 아니라 우리가 가꾸거나 투쟁해야 할 대상이다. 이는 육체와 정신을 이분법적으로 나누어 생각하는 서구 근대 철학의 기조가 극단적으로 반영된 것이지만, 한편으로는 몸에 관한 포스트모던한 태도와도 연결되어 있다. 즉, 이제 사람들은 몸을 유희하는 셈이다. 이런 현상은 인간의 신체에 대한 인식의 변화와도 관계가 있지만 더 크게는 소비를 추동하는 자본주의 시장과 연관되어 있다. 개그우먼 이영자는 시장이 조장하는 그러한 대세를 거스르는 쾌감을 준 반면 '엽기적인 그녀'는 그 물결에 적극적으로 편승한 이미지인 것이다.

2000년대 한국 일부 영화는 더 이상 리얼할 필요도, 삶을 반성적으로 살펴볼 필요도 없었다. 관객들 역시 솔직하게 욕망과 감정을 드러냈고, 사회적 위계질서로부터 벗어나고 싶은 욕망에 따라 '영자'와 '그녀'를 시시각각 소비했다. 그것이 인간들에게 좋은 것인지 나쁜 것인지를 판단하기에는 아직 이른 것 같다.

1. 개그우먼 이영자와 「엽기적인 그녀」의 여주인공은 각각 무엇으로 인기를 누릴 수 있었습니까?

2. 글쓴이에 의하면 영화 「엽기적인 그녀」의 그녀는 현대 여성들에게는 어떤 여성상이라고 합니까?

제8과 한국의 시

산유화

김소월

산에는 꽃 피네
꽃이 피네
갈 봄 여름 없이
꽃이 피네

산에
산에
피는 꽃은
저만치 혼자서 피어 있네

산에서 우는 작은 새여
꽃이 좋아
산에서
사노라네

산에는 꽃지네
꽃이 지네
갈 봄 여름 없이
꽃이 지네

1. 시인은 자신의 감정을 표현하기 위해서 다양한 이미지를 사용합니다. 이 시에서 시인이 자신의 정서를 표현하기 위해 사용한 이미지는 무엇입니까? 시인이 그 이미지를 사용한 이유는 무엇이라고 생각합니까?

2. 다음의 단어를 사용하여 이 시에 대해서 이야기해 봅시다.

자연	유한하다	영원하다	허무함

[시 해설]

이 시에서 꽃은 인간과 대비되는 (　　　　　)을/를 상징한다. 인간은 (　　　　　) 존재이지만, 자연은 '봄 갈 여름 없이'에서처럼 시간의 흐름에 구애받지 않는 (　　　　　) 존재이다. 시인은 꽃의 영원성 앞에서 삶의 (　　　　　)을/를 노래하고 있다. 이렇게 시인은 꽃이라는 일상적인 소재를 통해서 인간의 삶에 대한 깊은 성찰을 보여준다.

CD: 08

자화상[1)]

윤동주

산모퉁이를 돌아 논가 외딴 우물을 홀로 찾아가선 가만히 들여다 봅니다.

우물 속에는 달이 밝고 구름이 흐르고 하늘이 펼치고 파아란 바람이 불고 가을이 있습니다.

그리고 한 사나이가[2)] 있습니다.
어쩐지 그 사나이가 미워져 돌아갑니다.

돌아가다 생각하니 그 사나이가 가엾어집니다.[3)] 도로 가 들여다 보니 사나이는 그대로 있습니다.

다시 그 사나이가 미워져 돌아갑니다.
돌아가다 생각하니 그 사나이가 그리워집니다.

우물 속에는 달이 밝고 구름이 흐르고 하늘이 펼치고 파아란 바람이 불고 가을이 있고 추억처럼[4)] 사나이가 있습니다.

1) 자화상 : 스스로 그린 자기의 초상화.

2) 사나이 : 한창 혈기가 왕성할 때의 남자를 이르는 말.

3) 가엾다 : 마음이 아플 만큼 딱하고 불쌍하다.

4) 추억 : 지나간 일을 돌이켜 생각함. 또는 그런 생각.

내용 이해

1. 이 시에서 '우물'이 의미하는 것은 무엇일까요?

2. 이 사람이 우물 속에서 본 사나이는 누구일까요? 왜 그 사나이가 미워졌을까요?

3. 우물 속의 사나이에 대한 이 사람의 감정은 어떻게 변하고 있습니까? 빈 칸에 쓰십시오.

가엾음	그리움	미움

우물을 찾아 간다 → 우물 속을 들여다 본다 → 돌아가다 생각한다
(**미움**) ( )
→ 도로 가 들여다 본다 → 돌아가다 생각한다
( ) ( )

4. 이 시를 읽을 때 느껴지는 분위기는 어떻습니까? ( )

❶ 우울하다 ❷ 활기차다 ❸ 고요하다 ❹ 소란스럽다

5. '자화상'이라는 제목으로 시를 써 봅시다.

• 시 해설

꿈에도 그리던 조국의 해방을 보지 못하고 이국의 감옥에서 29살의 나이로 죽은 시인 윤동주는 생전에 한 편의 시도 발표하지 못했다. 그의 원고는 친구의 어머니에 의해 장롱 속에 몰래 보관되다가 해방이 된 후에 비로소 출간된다. 유고시집 『하늘과 바람과 별과 시』(1948)의 서문에서 시인 정지용은 "무시무시한 고독 속에서 죽었구나! 29세가 되도록 시를 발표해 본 적도 없이!"라고 써서 그의 죽음을 애도했다.

윤동주는 식민지의 어두운 현실에서 살아야 하는 자신의 삶을 성찰하면서 '부끄러움'을 고백하고, 자신의 깨끗한 영혼과 양심으로 현실의 고난을 초월하려고 했다. 이 시는 이러한 윤동주의 시 세계를 잘 보여준 작품이다. 시에서 '우물'은 자신을 들여다 볼 수 있는 '거울'과 같은 것이다. 시인은 거울 속에 비친 자아를 미워하면서도 불쌍하게 여기는 양가적 감정을 보여 준다. 이렇게 '미워하기'와 '되돌아가기'의 모순적인 태도는 식민지의 상황 속에 놓인 시인의 갈등과 고통을 잘 드러내 준다. '하늘', '파아란 바람'이 상징하는 순결함과 영원성은 시인이 동경하는 세계를 상징한다. 그는 이 깨끗한 세계에 자신의 얼굴을 투영하여, '가엾은' 현재의 모습에서 벗어나 순수한 존재가 되고자 했던 것이다.

• 글쓴이 소개

윤동주(1916~1945)

북간도에서 태어나 기독교의 영향을 받으면서 성장했다. 1941년 연희전문 학교를 졸업한 후 일본으로 유학하여 도오지샤대학에서 영문학을 전공하였다. 그는 1943년 여름방학을 맞아 귀국하기 직전 독립운동에 가담했다는 이유로 경찰에 검거되어, 후쿠오카 감옥에서 복역하던 중 1945년 2월에 29세의 젊은 나이로 옥사했다. 해방 후 유고시집 『하늘과 바람과 별과 시』(1948)가 출간됐다.

이 시대의 죽음 또는 우화

오규원

죽음은 버스를 타러 가다가
걷기가 귀찮아서 택시를 탔다

나는 할 일이 많아
죽음은 쉽게
택시를 탄 이유를 찾았다

죽음은 일을 하다가 일보다
우선 한 잔 하기로 했다

생각해 보기 전에 우선 한 잔 하고
한 잔 하다가 취하면
내일 생각해 보기로 했다

내가 무슨 충신이라고[1)]
죽음은 쉽게
내일 생각해 보기로 한 이유를 찾았다

술을 한 잔 하다가 죽음은
내일 생각해 보기로 한 것도
귀찮아서
내일 생각해 보기로 한 생각도
그만두기로 했다

술이 약간 된 죽음은
집에 와서 TV를 켜놓고
내일은 주말여행을 가야겠다고 생각했다

건강이 제일이지—
죽음은 자기 말에 긍정의 뜻으로
고개를 두어 번 끄덕이고는[2)]
그래, 신문에도 그렇게 났었지
하고 중얼거렸다

1) 충신 : 나라와 임금을 위하여 충성을 다하는 신하.

2) 끄덕이다 : 고개를 아래위로 가볍게 움직이다.

내용 이해

1. 시인이 시의 주인공을 '죽음' 으로 표현한 이유는 무엇이라고 생각합니까?

2. 이 시에서 주인공의 습관적인 생활이 표현된 부분을 찾아 보십시오.

- 택시를 탄다.
- ....
- ....
- ....

3. 시의 8연에서 주인공이 '신문에도 그렇게 났었지' 라고 생각한 이유는 무엇일까요? (   )

❶ 신문에 난 것은 모두 진실이므로 믿어야 한다.

❷ 신문에서는 항상 건강이 중요하다고 말하고 있다.

❸ 신문에 나지 않은 사실에 더 관심을 가져야 한다.

❹ 요즘 사람들은 신문을 보고 건강의 중요성을 깨닫는다.

4. 시인이 위의 표현을 통해서 이야기하고 싶은 것은 무엇이라고 생각합니까?

5. 이 시에 나타난 주인공(죽음)의 생활과 관계 있는 것을 고르십시오.

- 현실에 대해서 비판적이다. ☐
- 건강이 중요하다고 생각한다. ☐
- 보람 있는 삶을 추구하고 있다. ☐
- 자기 일에 대한 책임감이 강하다. ☐

• 시 해설

이 시는 현대인의 무감각한 삶을 풍자한 작품이다. 우리는 걷기보다는 택시 타기를 즐기고, 일에 매달려 끙끙대기보다는 놀이의 유혹에 빠진다. 이런 똑같은 일상이 날마다 되풀이 되고, 그 속에서 아무 생각 없이 살아가는 것이 우리의 모습이다. 또한 우리는 여러 가지 이유를 만들어 자기의 행동을 합리화하고, 적당하게 술에 취해 현실에서 도망치고, 'TV와 주말여행'으로 상징되는 편안한 삶 속에 안주하고자 한다. 시인은 이러한 삶에 '죽음'이라는 이름을 붙이고, 그 무감각한 삶을 비판하고 있다. 스스로 선택하는 것을 두려워하고, 책임지는 것을 싫어하며, 자신의 건강만을 중요하게 생각하는 삶. TV와 신문에서 보도하는 것만을 진실이라고 믿어 버리고, 자신을 둘러싼 세계에 어떤 의문도 던지지 않는 사람들. 시인은 이러한 모습을 객관적으로 서술하는 듯하지만, 그 속에는 죽음과 같은 삶을 살아가는 현대인의 위선과 허위를 꼬집는 냉소적인 비판이 담겨 있다.

• 글쓴이 소개

오규원(1941~2007)

1965년에 등단하여『분명한 사건』,『가끔은 주목받는 生이고 싶다』,『사랑의 감옥』,『새와 나무와 새똥 그리고 돌멩이』등 다수의 시집을 출간했다. 그는 새로운 시쓰기를 실험하는 모더니스트 시인으로 초기에는 물신화된 사회를 비판하는 실험적 시들을 썼다. 이후에는 언어의 본질과 한계에 대해서 관심을 가지고 세계와 인간의 관계를 탐구한 시를 발표했다.

남해 금산

이성복

한 여자 돌 속에 묻혀[1] 있었네
그 여자 사랑에 나도 돌 속에 들어갔네
어느 여름 비 많이 오고
그 여자 울면서 돌 속에서 떠나갔네
떠나가는 그 여자 해와 달이 끌어 주었네
남해 금산 푸른 하늘가에 나 혼자 있네
남해 금산 푸른 바닷물 속에 나 혼자 잠기네[2]

1) 묻히다 : 어떠한 상태나 환경에 휩싸이다, 어떠한 환경에 들어박히다.

2) 잠기다 : 깊숙하게 박히거나 푹 묻히다.

YONSEI KOREAN READING 6

내용 이해

1. 여러분은 '돌'에서 어떤 이미지가 떠오릅니까? 다음에서 찾아 보십시오.

단단하다	☐	변하지 않는다	☐	아늑하다	☐
고립적이다	☐	차갑다	☐	어둡다	☐

2. 다음의 단어를 사용하여 주인공과 '여자'의 만남과 헤어짐의 과정에서 나타나는 정서를 이야기해 봅시다.

외로움　　슬픔　　이별　　만남

		비 ↓	해와 달 ↓		하늘가 바닷가 ↓
돌	——— 돌 속으로 들어가다	———	여자가 떠나다	———	나 혼자 남다
(　　)	(　　　　)		(　　　)		(　　　)

3. '그 여자 해와 달이 끌어 주었네'가 의미하는 것은 무엇이라고 생각합니까? (　　)

❶ 여자와 영원한 이별을 하였다.

❷ 해와 달을 보면 여자가 생각난다.

❸ 여자는 해와 달처럼 변하지 않았다.

❹ 여자는 해와 달이 있는 방향으로 떠났다.

4. 이 시에서 '물'의 이미지가 나타나는 어휘를 찾아보고, 그 의미를 이야기해 보십시오.

5. 여러분 나라에서 '이별'을 노래한 시로는 어떤 것이 있습니까?

• 시 해설

이 시는 이별의 상황을 통해 인간의 운명에 대해 성찰하는 시이다. 시에서 화자는 '여자'의 사랑으로 인해 '돌' 속으로 들어간다. 어둠으로 가득한 돌은 변하지 않는 영원성을 상징한다. 사랑은 이 불가능한 공간으로 화자를 이끌어 갈 만큼 강한 힘을 가진 것이다. 그러나 사랑의 시간은 끝나고 이별이 찾아온다. 여자의 떠남은 단순한 헤어짐이 아니라 해와 달이 상징하는 우주로 돌아가는 것, 곧 죽음을 의미한다. 인간의 사랑이 아무리 크고 깊을지라도 죽음 앞에서는 속수무책인 것이다. 그러나 이별은 사랑의 끝을 의미하는 것이 아니다. '비', '바다'를 이루는 물의 이미지는 순환하는 속성을 가지고 있다. 시인은 물의 이미지를 통해서 하늘과 땅의 경계를 넘어, 사랑이 영원히 계속될 수 있음을 보여 준다. '돌'이라는 비좁은 공간에서 시작된 사랑은, '바다', '하늘'이라는 무한한 공간으로 확장되면서 영원히 이어지게 된다.

• 글쓴이 소개

이성복(1952~)

1977년『문학과지성』에「정든 유곽에서」를 발표하면서 등단했다. 시집『뒹구는 돌은 언제 잠 깨는가』,『남해금산』,『그 여름의 끝』,『호랑가시나무의 기억』,『아, 입 없는 것들』 등을 출간했다. 초기 시에서는 현실의 폭력성과 실존적 자각을 실험적인 언어로 표현했으나, 이후에 그의 시적 세계는 사랑의 언어로 변모되어 왔다.

다람쥐를 위하여

정현종

내 일터 얼마 안 되는 도토리나무숲에 도토리가 떨어지면, 어디서 왔는지 아줌마 아저씨들이 비닐봉지나 무슨 헝겊 주머니 같은 걸 갖고 와 도토리를 주워 담는다. 떨어진 걸 다만 주워 담는 게 아니라 돌로 나무 기둥을 치거나 장대로[1] 가지를 쳐 떨어뜨리기도 한다. 또 보이는 것만 줍는 게 아니라 가랑잎을 파헤쳐[2] 그 속에 있는 것까지 깡그리[3] 주워 간다. 싹쓸이다.[4]

숲에 다람쥐가 꽤 많았으나 해가 갈수록 줄어들어 이제는 거의 보기 힘들어졌다.

나는 산보를 하다가 한심하고[5] 딱해서[6] 아줌마 아저씨들을 야단치기도 하였다. 사람들은 먹을 게 많지 않느냐. 하다못해 라면이라도 있지 않느냐. 다람쥐는 먹을 게 도토리밖에 없지 않느냐. 주워 가더라도 다람쥐 먹을 건 좀 남기고 주워 가야 하지 않느냐....그러나 소용이 없다. (도토리묵 장사들이 도토리 한 말에 얼마씩 주는지는 모르겠으나) 돈이 되면 뭐든지 싹쓸이다.

싹쓸이하는 손에 비하면, 도토리 하나 쥐고 오물오물오물오물[7] 먹는 다람쥐의 두 손이 너무 이쁘다.

---

1) 장대 : 다듬어 만든 긴 막대기.

2) 파헤치다 : 속에 있는 것이 드러나도록 파서 젖히다.

3) 깡그리 : 하나도 남김없이.

4) 싹쓸이 : 모두 다 쓸어버리는 일.

5) 한심하다 : 정도에 너무 지나치거나 모자라서 가엾고 딱하거나 기막히다.

6) 딱하다 : 사정이나 처지가 가엾다. 일을 처리하기가 난처하다.

7) 오물오물 : 음식물을 입 안에 넣고 조금씩 자꾸 씹는 모양.

내용 이해

1. 이 시에서 자연과 인간의 관계는 어떻게 나타나고 있습니까? (　　　)

❶ 인간과 자연은 공존하고 있다.

❷ 인간의 욕심이 자연을 괴롭히고 있다.

❸ 인간은 자연과 관계 없이 살아갈 수 있다.

❹ 인간이 자연을 보호하기 위해 노력하고 있다.

2. 시인은 다람쥐가 줄어드는 이유를 무엇이라고 생각합니까? (　　　)

❶ 도토리가 풍부하기 때문에

❷ 인간들이 다람쥐를 잡아가기 때문에

❸ 인간들이 도토리를 다 가져가기 때문에

❹ 다람쥐가 살아가는 환경이 오염되었기 때문에

3. 이 시에서 '인간의 손' 과 '다람쥐의 손' 은 어떻게 다르게 표현되고 있습니까? 알맞은 것을 찾아 연결하십시오.

	• 도토리를 오물오물 먹는다
	• 나무를 장대로 내리친다
인간들의 손 •	• 아름답다
	• 도토리를 깡그리 주워 간다
다람쥐의 손 •	• 욕심이 없다
	• 싹쓸이한다

4. 자연과 인간이 조화롭게 살기 위해서 어떻게 해야 할지 이야기해 보십시오.

• 시 해설

이 시에서는 자연에 대한 시인의 깊은 애정이 나타난다. 시인은 도토리를 줍는 일상적인 풍경을 통해, 인간이 자연을 위협하고 있는 장면을 보여 준다. 도토리를 주워 가는 인간들은 그것이 다람쥐들의 먹이가 된다는 생각은 하지 않는다. 오직 자신의 욕심을 채우는 데만 급급할 뿐이다. 또 그들은 도토리를 줍는 데서 만족하지 않고 돌이나 장대로 나무를 치거나 때리기까지 한다. 이러한 모습은 자기의 이익을 위해서라면 주저 없이 자연을 훼손하는 인간의 폭력성을 적나라하게 보여준다. 자연을 돈으로 바꾸려는 인간의 이기심 때문에 자연(다람쥐)은 고난을 겪게 된다. 시인은 다람쥐의 무구함과 도토리를 싹쓸이해 가는 인간을 대조시킴으로써 인간의 끝없는 욕망을 비판한다. 그리고 자연의 편에 서서 인간과 자연의 공존을 역설하고 있다.

• 글쓴이 소개

정현종(1939~)

1965년『현대문학』을 통해 등단하여,『사물의 꿈』,『나는 별아저씨』,『사랑할 시간이 많지 않다』,『한 꽃송이』 등의 시집을 출간했다. 그는 예이츠, 네루다, 로르카 등 외국 시인의 시선집을 번역하여 출간하기도 했다. 그의 초기 시는 인간의 내면에 대한 성찰과 관념적 사유가 주를 이루었으나, 그 후에는 산업사회에서 파괴되는 생명에 대한 사랑과 예찬, 만물과의 우주적인 교감을 노래한 시를 발표하고 있다.

거꾸로 강을 거슬러 오르는 저 힘찬 연어들처럼

강산에

흐르는 강물을
거꾸로 거슬러[1)] 오르는 연어들의
도무지 알 수 없는
그들만의 신비한 이유처럼

그 언제서부터인가
걸어 걸어 걸어오는 이 길
앞으로 얼마나 더 많이 가야만 하는지

여러 갈래 길 중 만약에 이 길이
내가 걸어가고 있는
돌아서 갈 수밖에 없는 꼬부라진[2)] 길일지라도

딱딱해지는 발바닥
걸어 걸어 걸어 가다 보면
저 넓은 꽃밭에 누워서 난 쉴 수 있겠지

여러 갈래 길 중 만약에 이 길이
내가 걸어가고 있는
막막한[3)] 어둠으로 별빛조차 없는 길일지라도

포기할 순 없는 거야
걸어 걸어 걸어 가다 보면
뜨겁게 날 위해 부서진 햇살을 보겠지

그래도 나에겐 너무나도 많은 축복이란 걸 알아

1) 거스르다 : 일이 돌아가는 상황이나 흐름과 반대되거나 어긋나는 태도를 취하다.
2) 꼬부라지다 : 한쪽으로 휘어지다.
3) 막막하다 : 아주 넓거나 멀어 아득하다.

수없이 많은 걸어가야 할 내 앞길이 있지 않나

그래 다시 가다 보면
걸어 걸어 걸어 가다보면
어느날 그 모든 일들을 감사해 하겠지

보이지도 않는 끝
지친 어깨 떨구고 한숨 짓는 그대
두려워 말아요

거꾸로 강을 거슬러 오르는
저 힘찬 연어들처럼

걸어가다 보면
걸어가다 보면
걸어가다 보면

내용 이해

1. 이 노랫말에서 느껴지는 분위기는 어떻습니까? (　　　)

❶ 어둡고 절망적이다.

❷ 역동적이고 힘차다.

❸ 수동적이고 조용하다.

❹ 시끄럽고 정신이 없다.

2. 이 노랫말에서 '연어'는 어떤 길을 가고 있습니까? 그 길이 의미하는 것은 무엇입니까?

3. 다음 어휘 중에서 의미가 다른 하나를 고르고, 그 뜻을 설명해 봅시다.

딱딱해지는 발바닥	꼬부라진 길	어깨를 떨구다
막막한 어둠	넓은 꽃밭	

4. 다음의 어휘를 사용하여, 오규원의 시 「이 시대의 죽음 또는 우화」와 이 노랫말에 나타난 삶의 태도를 비교해서 이야기해 보십시오.

비판적이다	순응한다	적극적이다	의지가 강하다
수동적이다	창조적이다	무감각하다	능동적이다

• 시 해설

이 노랫말은 우리에게 희망을 포기하지 말라고 이야기 하고 있다. 빛이 없는 '막막한 어둠' 속에서도 절망을 이기고 자신의 희망을 찾아가야 꿈을 이룰 수 있다는 것이다. 살다 보면 힘들고 어려울 때가 있고 꿈을 포기하고 싶을 때도 있을 것이다. 그럴 때 이러한 노랫말은 우리에게 힘든 시간을 이기고 꿋꿋하게 걸어갈 수 있는 용기를 준다. 거센 강물을 거슬러 올라 자신이 태어난 곳을 찾아가는 연어처럼 자신의 꿈을 향해 나아가는 삶이야말로 진정 아름다운 삶이 될 것이다.

• 가수 소개

강산에(1963~)

1992년 첫 음반『라구요』를 발표한 이후 활발한 활동을 하고 있는 강산에는 한국적인 록음악을 발전시킨 가수이다. 그는 분단문제, 사회비판 등의 주제를 한국 전통음악과 록을 결합시킨 독특한 창법으로 노래하고 있다. 1998년에 발표한『거꾸로 강을 거슬러 오르는 저 힘찬 연어들처럼』은 현실을 힘겹게 살아가는 사람들에게 새로운 시작과 도전의 메시지를 전하고 있다. 이 노래는 1996년 한국노랫말대상 '좋은 노랫말 부문'을 수상했다.

제9과 소설 읽기와 세상 읽기 (1)

1. 다음 중 여러분의 생활에서 꼭 필요하다고 생각되는 도구는 무엇입니까?

자동차　　휴대폰　　컴퓨터　　엘리베이터　　세탁기　　TV

2. 다음 단어를 사용하여 현대인에게 엘리베이터는 어떤 공간인지 이야기해 봅시다.

인간소외　　단절　　고립　　소통의 부재　　군중 속의 고독

CD: 09

엘리베이터에 낀 그 남자는 어떻게 되었나?

김영하

살다 보면 이상한 날이 있다. 그런 날은 아침부터 어쩐지 모든 일이 뒤틀려 간다는 느낌이 든다. 그리고 하루 종일 평생 한 번 일어날까 말까 한 일들이 마치 기다리고 있었다는 듯 하나씩 하나씩 찾아온다. 내겐 오늘이 그랬다.

아침에 면도를 하는데 면도기가 부러졌다. 별로 힘도 주지 않았는데 면도기의 목이 툭, 하고 꺾여 버렸다. 일회용 면도기였느냐고? 물론 아니다. 질레트사에서 최근에 내놓은, 값이 거의 육천 원에 육박하는 제품이다. 튼튼하기가 이를 데 없고 누군가 일부러 부러뜨릴래야 부러뜨릴 수 없는 것인데, 사용한 지 불과 한 달 만에 이렇게 되어 버린 것이다.

면도기가 부러지는 바람에 내 수염은 반밖에 깎을 수 없었다. 왼쪽 얼굴은 말끔, 오른쪽 얼굴은 그 반대였다. 이런 우스꽝스런 모습으로 출근을 해야 하다니. 나는 기분을 잡쳐 버렸다. 시계를 보았다. 일곱 시 사십 분. 여유가 없었다. 머리를 말리고 옷을 걸치고 집을 나가 엘리베이터를 기다렸다. 아무리 기다려도 엘리베이터는 오지 않았다. 고장이라도 난 모양이었다. 다시 시계를 보았다. 일곱 시 오십오 분. 나는 15층에서 1층을 향해 중국집 배달원처럼 달려 내려갔다. 5층을 지나가면서 보니 엘리베이터는 문이 열린 채로 6층과 5층 사이에 걸쳐 있었고 엘리베이터 아래로 사람의 다리 두 개가 대롱거리고[1] 있었다. 한쪽 발은 신발이 벗겨져 있었다. 죽었을까 살았을까. 그때 내 앞으로 위층에 사는 사람들이 바삐 나를 밀치고 아래층으로 내려갔다. 말쑥한[2] 신사복을 차려 입은 그들은 출근 중이었다. 사람이 엘리베이터에 끼여 죽었는지 살았는지도 모르는데 저렇게 무심히 지나치다니. 하지만 나 역시 할 수 있는 일은 별로 없었다. 시계를 보았다. 여덟 시 정각. 이크. 나는 슬쩍 아래층 쪽을 내려다 보면서 갈등했다.[3]

1) 대롱거리다 : 작은 물건이 매달려 잇따라 가볍게 흔들리다.

2) 말쑥하다 : 지저분함이 없이 말끔하고 깨끗하다.

3) 갈등하다 : 개인이나 집단 사이에 목표나 이해관계가 달라 서로 적대시하거나 불화를 일으키다.

할 수 없군. 나는 신발이 벗겨진 발을 살짝 당겨 보았다(발은 내 얼굴 높이에 있었다). 여보세요. 발가락이 꿈틀거렸다. 말이라고 할 수 없는 신음도 흘러 나왔다. 살아 있는 모양이었다. 하지만 그를 구해낼 힘도 시간도 없었다. 이거 봐요. 어쩌다 엘리베이터에 끼였는지는 모르겠지만 내가 출근하면서 119에 신고해 줄게요. 아니면 아래층 경비에게 말해 줄 테니 조금만 기다리세요.

나는 한달음에 일층까지 내려왔다. 경비실 창문에는 '순찰중'이라는 팻말이 걸려 있었다. 바깥을 둘러봤지만 경비의 모습은 보이지 않았다. 할 수 없군. 나는 버스 정류장까지 달려갔다. 버스는 오지 않았다. 나는 옆에 서서 버스를 기다리고 있는 남자에게 물었다. 혹시 휴대폰 있습니까? 누가 엘리베이터에 끼여서 119에 신고를 해 줘야 하거든요. 남자는 별 시답잖은[4] 놈도 다 보겠다는 기색으로 힐끔거리더니만[5], 휴대폰 없어요, 라며 차갑게 내뱉고는[6] 고개를 버스 오는 방향으로 돌려 버렸다. 뒤에 서 있는 여자에게서도 비슷한 반응이 돌아왔다.

저기 공중전화 있잖아요. 여자는 손가락이 아령이라도 되는 듯이 힘겹게 들어 길 건너편의 공중전화를 가리켰다. 나는 사정을 설명했다. 제가 저기 가 있는 사이에 버스라도 오면 어떻게 해요? 저희 부장님이 아주 성질이 드러워서 지각하면 죽음이거든요. 그리고 엘리베이터에 낀 사람 생각 좀 해 주세요. 얼마나 아프겠습니까? 여자는 기가 차다는[7] 듯이 입가를 비틀며 웃더니 마침 도착한 버스에 올라타 버렸다. 휴대폰을 사든지 해야지 원. 나는 휴대폰을 사지 않은 것을 처음으로 후회했다. 그때 내가 타야 할 버스가 왔고 나는 사람들 사이에 끼여서 버스 위로 밀려 올라갔다. 버스 카드를 제시하려고 뒷주머니를 만지니, 이런, 지갑이 없었다. 기사는 짜증을 내며 현금을 내라고 했고 나는 지갑을 안 가지고 와서 그것마저 낼 수 없노라고 말했다. 그럼 내리라며 기사는 짜증을 냈다. 내 뒤에 섰던 사람들은 한 번씩 나를 힐끔거리며 내 옆구리 사이로 버스 카드를 판독기에 대고 지나가 버렸다. 나는 기사에게 사정을 했다. 내일 두 번 찍을게요. 그럼 되잖아요. 그때 한 대의 덤프트럭이 휘청거리며 중앙선을 넘더니 그대로 내가 타고 있는 버스의 정면으로 돌진해 왔다.[8] 기사는 나에게 짜증을 내고 있느라 미처 그것을 보지 못했고 설령 봤다 하더라도 뭐 별 도리는 없었을 것이었다. 그 만원 버스에서 앞을 보고 있

---

4) 시답잖다 : 볼품이 없어 만족스럽지 못하다.

5) 힐끔거리다 : 가볍게 곁눈질하여 자꾸 슬쩍슬쩍 쳐다보다.

6) 내뱉다 : 입 안에 있던 것을 입 밖으로 뱉어 내보내다. 마음에 내키지 아니하거나 못마땅한 어조로 불쑥 말하다.

7) 기가 차다 : 어이가 없어 말이 나오지 않다.

8) 돌진하다 : 거침없이 곧장 나아가다.

는 사람이라면 기사에게 통사정하고 있던 나밖에 없었으니까. (그것만은 오늘 있었던 일 중에서 가장 운수 좋은 일이었다.) 나는, 어어어, 하면서 필사적으로 뒤로 몸을 빼며 웅크렸고 트럭의 머리는 그대로 버스의 앞면과 충돌해 버렸다. 사람들이 일제히 내 위를 덮었고 비명소리와 신음소리가 뒤섞여 버렸다. 나는 이제 더 이상 버스 카드 일로 추궁[9] 당하지 않게 된 것이 적이 기뻤다. 한 차례 충격파가 휩쓸고 간 후에 사람들은 여기저기서 몸을 일으키기 시작했다. 버스의 앞쪽은 판독기까지 트럭이 밀고 들어오는 바람에 박살이[10] 났고 운전사의 가슴은 트럭의 백미러가 누르고 있었다. 다행히 나는 허리가 좀 뻐근한[11] 것만 빼면 별다른 상처가 없는 듯했다. 충격에서 헤어난 사람들은 너도나도 휴대폰을 꺼내기 시작했다. 조금 전 나에게 휴대폰이 없노라던 남자도 폴더형의 신제품을 꺼내 전화를 걸기 시작했다. 버스 안은 온통 119와 가족 그리고 회사에 전화하는 소리로 가득 차 버렸다. 엄마, 나야. 나 버스 탔는데 사고 났어. 응, 난 괜찮아. 근데 버스는 완전히 박살났어. 거기 일일구죠? 여기 삼동아파트 앞길인데 88번 버스가 뭐하고 부딪혔나 봐요. 빨리 와 주세요. 아, 부장님. 저 이 대린데요. 지금 저희 집 앞인데 타고 가던 버스가 트럭하고 부딪혔습니다. 예. 기사는 죽은 것 같구요. 저요? 저도 지금 사람들한테 깔리는 바람에 허리가 좀…… 예. 그 일은 박 대리가 잘 알 겁니다. 나는 전화를 마친 사람에게 휴대폰을 좀 빌려 달라고 했다. 하지만 그는 걸 데가 있다면서 빌려 주지 않았다. 사람들은 가족, 회사, 친구, 심지어 교통방송에까지 걸었다. 이어 사이렌 소리가 울리면서 소방차가 도착하기 시작했다. 그들은, 비켜주세요, 라고 하면서 해머로 버스의 유리창을 부수어 버렸다. 사람들은 너도나도 그 유리창으로 뛰어내렸다. 나도 그들을 따라 유리창으로 탈출했다. 구급대원들은 사람들의 상태를 일일이 체크하고 있었다. 한 대원이 나에게 괜찮냐고 묻길래 나는 엘리베이터 이야기를 해 주었다. 제 아파트 엘리베이터에 사람이 끼였습니다. 빨리 가셔야 할 것 같은데요. 아까부터 신고하려고 했는데 휴대폰이 없어서요. 사람들이 아무도 안 빌려주더라구요. 내가 얘

9) 추궁하다 : 잘못한 일에 대하여 엄하게 따져서 밝히다.

10) 박살 : 깨어져 산산이 부서짐.

11) 뻐근하다 : 근육이 몹시 피로하여 몸을 움직이기가 매우 거북스럽다.

기를 끝냈을 때, 소방대원은 이미 다른 사람을 돌보러 떠난 후였다. 혹시 119는 전화로 신고해야만 출동하는 조직인가. 어쩌면 그게 더 신빙성이[12] 있을지 몰라. 교통사고 현장에서 엘리베이터 사고를 신고한다면 누가 믿겠느냐 이거야. 나는 아픈 허리를 짚으며 건너편 공중전화로 걸어갔다. 투명문을 밀고 들어가보니 카드 전화기였다. 지갑이 없지 않은가. 나는 다시 공중전화 부스를 나와 사고 구경을 하는 사람들에게 전화 카드를 빌려 달라고 했다. 카드 좀 빌려 주세요. 몸집이 풍성한 한 아줌마는 대뜸, 어디에 걸 거냐고, 혹시 119에 할 거면 벌써 왔으니까 안 해도 된다고, 지난번엔 누굴 빌려 줬더니만 휴대폰에다 거는 바람에 삼천 원어치나 해 버렸다고, 요즘엔 그런 나쁜 놈들이 많다고, 내가 말할 틈도 주지 않고 떠들어댔다. 나는 119에 할 거라고 했다. 하지만 이 사고 때문이 아니라 엘리베이터에 사람이 끼여서 그렇다고 말했다. 아줌마는, 한심하다는 듯이, 119나 112는 전화 카드 없이도 된다고 말했다. 나는 다시 전화 부스에 들어가 119를 눌렀지만 아무 발신음도 들리지 않았다. 그제야 나는 전화 앞에 끼워져 있는 하얀 양철조각에 씌어 있는 글자를 읽을 수 있었다. 고장 수리중.

그때 경찰차가 도착했고 경찰은 목격자를 찾았다. 나와 함께 버스에 탔던 사람들이 일제히 나를 지목했다. 저 사람이 맨 앞에 있었어요. 버스 카드도 없이 버스를 타는 바람에 기사하고 실랑이를[13] 벌였거든요. 저 사람만 아니었어도 이 사고는 안 일어났을지도 몰라요. 기사가 저 사람하고 싸우느라고 출발하지 못하고 있었거든요. 제복을 입은 경찰관 두 명이 내게 다가왔다. 경찰은 물었다. 아저씨, 사고 나는 거 보셨죠? 나는 대답했다. 아, 네. 보기는 봤는데, 저 그것보다 급한 일이 있거든요. 저 오늘 아침에 회사에서 브리핑을 해야 되구요. 것보다 더 급한 건 우리 아파트 엘리베이터에 사람이 끼였다는 거예요. 5층하고 6층 사이에 꼈는데 빨리 가 보셔야 할 것 같은데요. 정말이라구요. 경찰은 내게 눈길도 주지 않고 수첩을 폈다. 묻는 말에만 대답해 주세요. 사고 난 거 보셨어요? 봤다니까요. 트럭이 중앙선을 넘더니 그냥 버스 정면으로 돌진했다니까요. 근데 그게 급한 게 아니고 엘리베이터에 사람이 끼여 있다니까요. 옆에 서 있던 경찰이 참다못해 끼어들었다. 엘리베이터에 사람이 낀 게 언제예요? 그러니까 아까 일곱 시 오십분쯤이요. 나는 시계를 보았다. 시간은 벌써 여덟 시 이십 분에 가까워져가고 있었다. 경찰은 허리춤에서 무전기를 꺼내 입에 댔다. 아, 혹시 삼동아파트 엘리베이터 사고신고 들어온 거 있어요? 경찰은 짜증스런 얼굴로 무전기를 다시 허리춤에 끼우더니

12) 신빙성 : 믿어서 근거나 증거로 삼을 수 있는 정도나 성질.

13) 실랑이 : 이러니 저러니, 옳으니 그르니 하며 남을 못살게 굴거나 괴롭히는 일.

말했다. 이봐요, 아저씨, 바쁜 사람 붙잡고 장난합니까. 주민등록번호 좀 대세요. 나는 주민등록번호를 대 주었고 전화번호도 알려 주었다. 가도 됩니까? 경찰은 그렇다고 했다. 그 사이에 사람들은 다음 버스에 꾸역꾸역 올라타고 있었다. 나도 그들을 따라 황급히 대열에 합류했다.[14] 버스 한 대가 박살이 났고 그 사이에 또 시간이 흘렀기 때문에 사람들은 궤짝 속의 생선들처럼 포개져 버렸다.[15] 다행한 것은 앞 버스 승객들에겐 버스 카드 제시를 요구하지 않았다는 사실이었다. 나는 쾌재를[16] 불렀다. 다소 비좁긴 했지만 공짜 아닌가. 지갑을 가지러 다시 15층까지 걸어 올라가는 것도 끔찍했고 올라가면서 5층과 6층 사이에 끼여 있는 남자의 발을 다시 봐야 하는 것도 싫었다. 그에게 뭐라고 말한단 말인가. 경비는 순찰 중이고 사람들은 휴대폰을 빌려 주지 않고 공중전화는 고장이고 경찰은 얼굴의 수염이 반만 있는 내 말을 믿어 주지 않는다고 하란 말인가. 게다가 회사는 벌써 늦어 버렸지 않은가. 회의는 또 어쩌란 말인가. 거기에서 나는 오늘 회사 내 자원 재활용 문제에 관한 중대한 보고를 해야 한단 말이다. 더 정확히 말하자면 이면지 사용의 생활화 방안과 화장실 휴지 절약 방안을[17] 이사 앞에서 말끔하고 경쾌한 목소리로 떠들어 대야 하는데 아침부터 면도기가 부러지지 않나, 사람이 엘리베이터에 끼여 있지 않나, 난데없이[18] 트럭이 가만히 서 있는 버스를 들이받지 않나. 재수 없는 하루라는 게 분명해졌다.

두 번째로 탄 버스에선 아무 일도 없었나? 물론 아니다. 내 오른쪽 엉덩이 근처에서 뭔가가 스멀거리더니만[19] 한 남자가 내 옆에 서 있는 여자의 엉덩이를 주무르고 있는 것이었다. 아직도 이런 놈들이! 나는 분개했지만[20] 내 엉덩이도 아니고 해서 참으려고 노력했었다. 하지만 그 여자가 내 얼굴을(그것도 면도가 안 된 오른쪽을) 자꾸만 쳐다보면서 인상을 찌푸리는 데에는 더 이상 두고 볼 수 없었다. 이봐요. 아가씨. 당신 엉덩이를 만지는 건 내가 아닙니다. 그리고 오른쪽에 수염이 많이 나 있는 건 오늘 아침 면도기가 부러졌기 때문이고 내 양복이 온통 구겨져 있는 건 조금 전에 탄 버스가 트럭에게 들이받혔기 때문이란 말입니다. 쓸데없는 말이었나? 주변의 사람들이 모두 일제히 나를 쳐다보았다. 동시에 여자의 엉덩이를 어루만지던 남자의 손은 신속히 퇴각

14) 합류하다 : 둘 이상의 흐름이 한 데 합하여 흐르다. 일정한 목적을 위하여 다른 사람, 단체 등과 행동을 같이 함.

15) 포개지다 : 놓인 것 위에 또 놓인 상태로 되다.

16) 쾌재 : 일 따위가 마음먹은 대로 잘 되어 만족스럽게 여김.

17) 방안 : 일을 처리하거나 해결하여 나갈 방법이나 계획.

18) 난데없다 : 갑자기 불쑥 나타나다.

19) 스멀거리다 : 살갗에 벌레가 기어가는 것처럼 근질근질하다.

20) 분개 : 몹시 분하게 여김.

해[21] 버려 이젠 정말로 어느 놈이 그 여자의 엉덩이를 만졌는지조차 알 수 없게 되어 버렸다. 여자는 이렇게 된 이상 그냥 넘어갈 수 없다는 표정으로 몸을 내 쪽으로 뒤틀며 내 얼굴에 자기 얼굴을 들이밀었다. 좀 부끄러운 줄 아시란 말이에요. 우리 오빠가 누군 줄이나 알아요? 여자는 얼굴을 더 깊게 디밀었다. 댁의 오빠가 누군데요? 지금 생각해 보면 나는 그때 가만히 있었어야 했다. 그러나 나는 그렇게 말함으로써 내가 엉덩이를 만졌다고 자백한 꼴이 되어 버렸다. 여자는 자기 오빠의 직책이나 이름은 밝히지 않고 대신 이렇게 말했다. 콱, 감방에 처넣기 전에 조심하라구요.

그 여자의 코가 내 코에 거의 닿을 지경이 되었을 때, 나는 버스에서 내려야 한다는 절박감을[22] 느꼈다. 왜냐하면 그 소란을 들은 기사가 큰소리로, 아가씨, 이 버스, 파출소에 세울까요, 라고 말했기 때문이었다. 여자는 위협의 효과를 즐기려는지 운전기사의 말에 즉답을 하지 않았다. 그 사이 버스는 정류장에 정차했고 나는 올라타는 사람들을 밀치고 앞문으로 황급히 내려야만 했다.

시계를 보았다. 아홉 시였고 출근시간은 이미 삼십 분이나 지나 버렸다. 내린 곳이 충정로니까 회사가 있는 종로까지는 빨리 걷는다 해도 삼십 분쯤 걸릴 터였다. 전화도 걸지 못하고 택시도 탈 수 없으니 나는 하는 수 없이 터덜터덜 걷는 수밖에는 도리가 없었다. 이면지 사용 방안과 화장지 절감 방안에 대해 보고를 해야 하는데, 게다가 엘리베이터에 낀 사람은 어쩐단 말인가. 나는 버스에서 만난 여자가 미워졌다. 엉덩이나 만져보고 그랬다면 덜 억울할 텐데. 아, 이 모든 건 면도기가 부러졌기 때문이다. 면도기만 부러지지 않았다면 나는 좀 더 일찍 집을 나섰을 것이고 엘리베이터도 정상적으로 작동됐을 것이고 그럼 버스 사고도 나지 않았을 것이 아닌가. 이런 일로 질레트사에 손해배상을[23]

21) 퇴각 : 뒤로 물러감.

22) 절박감 : 일이 급하여 몹시 긴장된 느낌.

23) 손해배상 : 법률에 따라 남에게 끼친 손해를 물어 주는 일. 또는 그런 돈이나 물건.

청구한다면[24] 승소할[25] 수 있을까. 이런 시답잖은 생각을 하며 광화문을 지나고 있을 때 허리춤의 삐삐가 요란하게 울려 댔고 번호를 보니 회사였다. 나는 달리기 시작했다. 회사만이 나를 구원해 줄 것이다. 거기에 가면 누군가 날 아는 사람이 돈을 빌려줄 테고 그럼 전화도 할 수 있고 버스를 탈 수도 있다. 내 책상 위의 전화로 119에 신고도 할 수 있고 그럼 만사 오케이다. 달려라, 달려. 나는 넥타이를 휘날리며 광화문 거리를 달렸다. 숨이 목까지 차올랐다. 아침에 다친 허리가 시려 왔지만 신경 쓸 겨를이 없었다. 헐레벌떡 회사에 도착했다. 회사가 입주해 있는 빌딩에는 모두 여섯 개의 엘리베이터가 있는데 그 중 하나는 맨 꼭대기에 사는 회장 전용이고 사원들은 나머지 다섯 개를 사용한다. 나는 그 중에서 하나에 올라탔다. 이미 출근시간이 지나 버려 올라가는 사람은 없었다. 다시, 엘리베이터에 끼여 있을 그 사람이 생각났다. 설마, 지금쯤이면 누군가 신고를 해서 구조됐을 거야. 엘리베이터가 작동되지 않는 걸 이상하게 생각한 아파트 경비라도 올라가 봤겠지. 5층이면 그리 높지도 않으니까. 아, 그렇지만 모두 나처럼 바빴다면, 아파트 경비들이 모여서 용역회사를[26] 상대로 임금 인상을 요구하는 집회라도 가진다면, 그 사람은 여전히 엘리베이터에 몸이 낀 채로 얼마나 이 세상과 인간들을 원망하고[27] 있겠느냐 말이다.

띵. 5층이었다.

한 여자가 엘리베이터에 올라탔다. 우리는 아마 몇 번쯤 서로 눈이 마주친 적이 있었을지도 모르겠다. 낯익은 여자다. 5층이라면 경리부가 있는 곳이다. 자주색 유니폼에 머리는 길게 길러 묶었다. 길게 기른 걸 보면 아직 결혼하지 않았다는 뜻이다. 왜 여자들은 결혼하면 머리부터 자르는 걸까. 그런 생각을 하는 사이 엘리베이터는 덜컹하는 소리를 내며 멈춰 섰다. 여자는 처음에는 태연한[28] 척했다. 힐끔 나를 한 번 바라보더니 계속해서 묵묵히 엘리베이터 문만을 바라보았다. 하지만 아무리 기다려도 엘리베이터가 움직이거나 문이 열리지 않자 여자는, 어떻게 좀 해 봐요, 라는 표정으로 나를 다시 쳐다보았다. 나는 미국 사람처럼 어깨를 치켜 올리며 어쩔 수 없다는 표정을 지었다. 막막하고 답답한 분위기가 엘리베이터 안에 가득 찼다. 고장인가 봐요. 비상벨을 눌러볼까요? 여자가 초조한 목소리로 말했다. 그게 좋겠군요. 나는 고개를 끄덕이며 말했다. 여자는 처음에는 천천히, 그러나 나중에는 신경질적으로 빨간색 '호

24) 청구하다 : 남에게 돈이나 물건 따위를 달라고 요구하다.

25) 승소 : 소송에서 이기는 일.

26) 용역 : 생산과 소비에 필요한 노동력을 제공하는 일.

27) 원망하다 : 못마땅하게 여기어 탓하거나 불평을 품고 미워하다.

28) 태연하다 : 두려워할 상황에서 태도나 기색이 아무렇지도 않은 듯이 자연스럽다.

출'[29] 버튼을 눌러 댔다. 여자는 손가락이 빨개질 정도로 눌러 대다가 포기했다. 밑에 아무도 없나 봐요. 시간은 점점 흘러갔다. 나와 여자는 엘리베이터 문을 힘차게 두들겨 우리가 이 안에 갇혀 있다는 걸 바깥에 있는 사람들에게 알리기로 했다. 우리는 손과 발을 이용해서 쿵쾅쿵쾅 문을 두들겨 댔다. 그러다가 내가, 이렇게 두들기면 엘리베이터에 충격이 가서 아래로 추락할지도 모르겠다고 말했다. 여자는 공포에 질린 표정으로 문 두드리는 일을 멈췄다. 오늘 아침에 엘리베이터에 몸이 낀 사람도 봤는걸요. 우린 이만하면 다행이잖아요. 위로랍시고 꺼낸 말이 상황을 더 악화시켰다. 여자는 아예 주저앉아 버렸다. 그래서 그 사람 어떻게 됐어요? 제가 계단으로 내려오다가 봤는데, 아직 신고를 못했어요. 회사에 출근해야 했고 전 휴대폰도 없었거든요. 아, 맞다. 휴대폰, 아가씨 휴대폰 없어요? 여자는 절망적인 얼굴로 휴대폰은 핸드백에 들어 있다고 말했다. 우리는 동시에 한숨을 쉬었다. 휴대폰이 있었다면 좋았을 텐데. 나는 아쉬웠다. 여자가 휴대폰을 가지고 있었다면 우리가 갇혀 있다는 것도 알리고 엘리베이터에 끼인 그 남자도 119에 신고해 줄 수 있었을 텐데.

문을 한번 열어 볼까요? 여자가 제안했다. 그래서 우리가 힘을 합쳐 양쪽으로 문을 열려고 할 때, 여자가 갑자기 소리를 질렀다. 이걸 봐요. 여자가 가리킨 곳에는 '경고, 엘리베이터에 갇혔을 때, 강제로 문을 열려고 시도하지 마십시오.' 라고 적혀 있었다. 맞아요. 아침의 그 사람도 처음에는 우리처럼 엘리베이터에 갇혔을 거예요. 그러다가 출근시간이 가까워지니까 초조해져서 문을 열려고 해 봤을 거고 문이 열리자 바깥으로 나가려고 했겠죠. 그때 마침 엘리베이터가 움직여 버린 거죠. 아 불쌍한 사람. 빨리 119에 신고해 줘야 하는데, 어쩌죠? 오늘따라 지갑도 안 가져와서 공중전화도 못 걸고 사람들은 휴대폰을 빌려 주지 않잖아요. 게다가 버스랍시고 탄 건 트럭하고 충돌하는 바람에, 글쎄, 제 옷 좀 보시라니까요. 사람들에게 깔려서 이렇게 됐어요. 그 다음 버스에서는 엉뚱하게 여자 엉덩이나 만지는 치한으로[30] 몰려서 그만 버스에서 내려야 했답니다. 아, 그런 눈으로 보지 마세요. 제가 한 게 아니고 다른 놈이 한 건데 그 여자가 내가 한 거라고 오해를 하더라니

29) 호출 : 전화나 전신 따위의 신호로 상대편을 부르는 일.

30) 치한 : 여자를 괴롭히거나 희롱하는 남자.

까요. 왜 그런 거 있잖아요. 여자는 멀찍이 물러나 엘리베이터의 구석으로 가 웅크렸다. 여차하면[31] 하이힐로 내 정강이를 걷어찰 기색이었다. 그러면서 여자의 손은 쉴 새 없이 '호출' 버튼을 눌러 대고 있었다. 이젠 고장 난 엘리베이터보다 나를 더 무서워하는 기색이었다.[32] 나는 그녀를 안심시켜 주려고, 걱정하지 말아요, 저 나쁜 사람 아니에요, 우린 같은 회사에 다니는, 신분도 확실한 사람들인데 설마 무슨 일이야 있겠습니까. 이렇게 만난 것도 인연인데 나가거든 커피나 한 잔 하지요, 라고 말을 건네 보았지만 여자는 묵묵부답이었다.

담배 피워도 됩니까? 나는 윗주머니에서 담뱃갑을 꺼내며 여자에게 물었다. 혹시 여자가 담배 피우는 사람이라면 분위기가 훨씬 너그러워질 것 같아서였다. 여자는 자기가 만들어낼 수 있는 최대한 싸늘한 표정으로, 사내는 금연이에요, 라고 쏘아붙였다. 아울러, 옥상이나 흡연실에 가서 피워야 되는 거 잘 아시잖아요, 라는 말을 덧붙였다. 나는 항변했다. 하지만 지금은 흡연실이나 옥상으로 갈 수 없잖아요. 갈 수 있으면 왜 여기서 피우겠습니까? 한 대만 피웁시다. 여자는 고개를 도리도리 저으며 반대했다. 이 좁은 데서 피우면 어떻게 해요? 간접흡연의 피해가 얼마나 심각한지 모르세요? 미국에서만 한 해에 육백만 명이 간접흡연의 피해로 사망한다니까요. 간접흡연은 자각이[33] 없기 때문에 더 위험하대요. 게다가 회사에서의 간접흡연은 정말 짜증나요. 지가 상사면 상사지 내 폐 속에 담배 연기 불어 넣을 권리까지 가진 건 아니잖아요. 오, 우리나라처럼 간접흡연 많은 나라는 세상에 없을 거예요. 도대체가 안 피우는 데가 없어요. 명절이나 한번 돼 봐요. 온 집안의 남자들이 모여서 너구리굴을 만들어 대죠. 술집이나 카페, 길거리, 아, 그래요. 길거리. 제 치마를 한번 보시라니까요. 그녀는 엉덩이를 내 쪽으로 돌려 보여 주었다. 치마 한 귀퉁이에 검게 지져진 자국이 있었다. 어떤 놈이 횡단보도에서 담배를 들고 있다가 내 엉덩이를 지진[34] 거예요. 이게 말이나 되는 일이라고 생각하세요. 길에서 담배 피우는 새끼들 보면 다 죽여 버리고 싶다니까요.

알았습니다. 안 피울게요. 나는 담배를 다시 주머니에 집어 넣었다. 셔츠를 온통 적셨던 땀이 식으면서 몸에 으슬으슬 오한이[35] 났다. 춥군요. 지갑을 안 가져오는 바람에 차비가 없어서 회사까지 뛰어왔거든요. 보세요. 양복이 등까지 척척하게 젖었잖아요. 나는 등을 돌려 땀에 젖은 부위를 보여 주었다. 아 참, 그런데 이름이나 압시다. 여

31) 여차하다 : 일이 뜻대로 되지 않다.

32) 기색 : 마음의 작용으로 얼굴에 드러나는 빛. 어떠한 행동이나 현상 따위가 일어날 것을 예측할 수 있게 하여 주는 눈치나 낌새.

33) 자각 : 현실을 판단하여 자기의 입장이나 능력 따위를 스스로 깨달음.

34) 지지다 : 불에 달군 물건을 다른 물체에 대어 약간 태우다.

35) 오한 : 몸이 오슬오슬 춥고 떨리는 증상.

자는 고개를 들어 나를 한 번 쏘아보더니, 미스 정이에요, 라고 말했다. 나도 정씬데. 나는 반가워했다. 자원관리부의 정수관 대리요. 여자는 별 관심 없다는 표정으로 고개만 까닥거렸다. 우리는 그 후로 한동안 말없이 엘리베이터 속에 쭈그리고 앉아 있었다. 그 사이에도 여자는 묵묵히 '호출' 버튼을 눌러 대고 있었다.

도대체 이 빌딩은 어떻게 관리되는 겁니까. 엘리베이터가 이렇게 오래 작동되지 않으면 혹시 누가 갇혀 있지라도 않나, 올라와 봐야 되는 거 아닙니까? 도대체 이게 뭡니까? 아무리 다른 엘리베이터가 다섯 개나 있어도 그렇지. 그 말을 하는 동안에도 삐삐가 요란스레 울려 댔다. 부장이었다. 아, 부서를 코앞에 두고도 가지 못하다니. 나는 울화통이[36] 터졌다. 도저히 안 되겠어요. 나 이러다간 회사에서 잘릴 겁니다. 우리 엘리베이터에 낄 때 끼더라도 이 문을 열고 나가죠. 내 제안에 여자는 망설이는 눈치였다. 좋아요. 그럼 미스 정은 여기 남아 있어요. 문이 열리면 나 혼자 뛰어내릴 테니 미스 정은 문 여는 것만 도와 줘요. 그럼 내가 나가서 엘리베이터 고장났다고 신고할게요. 여자는 고개를 끄덕였다. 우리는 다시 힘을 모아 엘리베이터 문을 강제로 여는 작업을 시작했다. 의외로 쉽지 않았다. 우리는 땀을 뻘뻘 흘리며 엘리베이터를 열어 보려고 했지만 문은 조금 열렸다가 이내 다시 닫히기를 반복했다. 무슨 남자가 그렇게 힘이 없어요? 미스 정이 짜증을 부렸다. 나는 화가 났다. 아침엔 트럭에게 받히고 회사까지 뛰어오고, 무슨 힘이 남아 있겠어요? 허리도 아파 죽겠다구요. 변명을 하고는 머리를 굴려 보았다. 조금 열렸을 때, 그게 다시 닫히지 않도록 하는 것이 관건이겠군.[37] 그렇지만 아무리 둘러 봐도 엘리베이터 문에 끼워 넣을 만한 물건은 보이지 않았다. 할 수 없이 구두를 벗었다. 뛰어온 탓에 구두는 땀이 차 있었고 냄새도 났다. 자, 문이 조금 열리면 그 사이에 이 구두를 끼워 넣는 겁니다. 그럼 손을 잡을 만한 공간이 생길 거예요. 우리는 다시 힘을 모아 양쪽에서 엘리베이터 문을 자기 쪽으로 잡아 당겼다. 그러느라 여자의 상체가 숙여졌기 때문에 나는 유니폼 블라우스 사이로 그녀의 가슴을 훤히 들여다 볼 수 있게 되었다. 뭐 해요? 구두 안 넣고.

36) 울화통 : 몹시 쌓이고 쌓인 마음 속의 화를 속되게 이르는 말.

37) 관건 : 어떤 사물이나 문제 해결의 가장 중요한 부분

여자가 힘겹게 고개를 들어 내 얼굴을 바라보며 신경질을 부렸다. 그 서슬에[38] 나는 그만 구두를 집어 넣는다는 것이 내 발을 집어 넣고 말았다. 아팠지만 참기로 했다. 살짝 열린 틈새로 9층과 10층을 가르는 경계선, 그러니까 10층 바닥이 보였다. 조금만 더 열리면 10층으로 기어 올라갈 수 있을 것 같았다. 우리는 다시 힘을 합쳐 문을 조금 더 열었고 그걸 지지하기 위해 이번에는 엉겁결에[39] 내 몸을 집어 넣고 말았다. 이제 사람 하나가 빠져나갈 공간은 생긴 셈이었다. 나는 숨이 콱 막혔지만 여자 앞이니까 참기로 했다. 이제 어떻게 하죠? 내가 몸을 빼면 문이 다시 닫힐 텐데요. 내가 걱정하자 여자가 말했다. 저를 좀 받쳐 주세요. 그럼 저 위로 올라갈 수 있을 것 같아요. 9층으로 뛰어내리는 건 너무 위험할 것 같아요. 전 몸이 가늘어서 나가기가 더 쉬울 거예요.

10층의 바닥은 내 머리 높이에 있었다. 그러니 그녀가 그리로 나가려면 내 어깨를 밟고 내 몸의 폭만큼 넓혀져 있는 문과 문 사이로 빠져나가야 했다. 나는 손을 내려 그녀가 내 손 위에 자기의 두 발을 올려놓을 수 있도록 했다. 그녀는 그렇게 했다. 그런 후에 그녀는 10층 바닥을 잡고 두 발을 내 손 위에서 어깨 위로 천천히 옮겨 디뎠다. 그녀의 구두굽이 내 어깨를 파고드는 것 같았다. 나는 아파서 비명을 지를 뻔했지만 참아냈다. 눈을 슬쩍 치켜 뜨니 그녀의 치마 속이 훤히 들여다 보였다. 그녀는 하얀색 레이스가 달린 거들을 입고 있었다. 이윽고 여자는 내 어깨를 힘차게 박차고 10층으로 기어오르는 데 성공했다. 나는 박수라도 치고 싶은 기분이었다. 엘리베이터 문에 몸이 낀 채로 나는 큰 소리로 그녀의 성공을 축하해 주었다. 이봐요. 미스 정. 축하해요. 자, 이제 빨리 사람들한테 내가 여기 있다고 알려 줘요. 자원관리부에도 좀 얘기해 주면 좋겠어요. 돌아오는 메아리는 없었다. 갑자기 불길한 예감이 뇌리를 스치고 지나갔다. 나는 두 발과 손으로 문을 최대한 밀어 문 사이에 낀 몸을 빼냈다. 문이 텅, 소리와 함께 닫혔고 어쩐지 그 소리는 관 뚜껑이 덮이는 소리처럼 들렸다. 내가 그 여자한테 뭐 잘못한 것도 없잖아. 탈출하라고 내 손과 어깨까지 빌려 줬는데 말야. 그리고 같은 건물에서 계속 만날 건데 설마 신고하는 걸 잊어버리기야 하려구. 그러나 10분이 지나고 20분이 지나도 사람들은 나타나지 않았다. 나는 절망하여 엘리베이터 바닥에 주저앉아 '엄마가 섬 그늘에...'로 시작하는, 가사가 잘 기억나지 않는 동요를 불렀다. '아이는 홀로 남아...' 노래는 수십 번 반복되었다. 노래 부르기에도 지쳐 잠까지 오려는 찰나, 밖에서 왁자한[40] 소리가 들리면서 엘리베이터 문이 조금 열리고 그 사이로 사람의 얼굴이 나타났다. 그가 내게 물었다. 이봐요. 도대체 왜 거기 있는 겁니까? 그건 내

38) 서슬 : 강하고 날카로운 기세.

39) 엉겁결에 : 자기도 미처 모르는 사이에 갑자기.

40) 왁자하다 : 정신이 어지러울 만큼 떠들썩하다.

가 하고 싶은 질문이었다. 도대체 내가 왜 여기에 있는가. 그건 엘리베이터 관리인인 당신이 답해 줘야 하는 거 아닌가. 나는 화가 치밀었지만 화를 내면 그가 그냥 가 버릴까 봐 고분고분[41] 대답해 주었다. 엘리베이터가 고장 났나 봐요. 엘리베이터 관리인은 한 가지를 더 물어 보았다. 혼자요? 나는 역시 또 친절하게 답해 주었다. 아뇨, 아까 미스 정이란 여자가 있었는데 내 어깨를 밟고 밖으로 나갔어요. 그래서 저 혼자 남은 겁니다. 엘리베이터 관리인은 잠시 후 한 사람을 더 데리고 와서 문을 열어 주었다. 나는 그가 잡아 주는 손을 잡고 10층에 올라설 수 있었다. 그러느라 내 옷의 앞쪽에는 온통 기름과 먼지가 덕지덕지[42] 묻어 버렸다. 아, 그렇다면 먼저 올라간 미스 정도 옷의 앞쪽이 이렇게 더러워져 버렸겠구나. 나는 그녀가 좀 측은해졌다.[43] 나는 남자니까 그래도 괜찮지만 그 여자는 어쩌나.

관리인은 나를 꺼내 놓자마자 궁시렁궁시렁 떠들어 대기 시작했다. 도대체 이놈의 엘리베이터는 정기 점검한 게 언젠데 벌써 이렇게 고장이 난담. 대기업이라도 믿을 수가 있어야지 원. 그는 대기업과 뇌물 관행[44], 재벌과 언론의 유착[45]관계에 대해 쉴 새 없이 비난의 화살을 퍼부어 댔다.[46] 나는 그에게 너무 세상을 비관적으로 보지 말라, 그래도 세상에는 당신 같은 사람들이 더 많다고 위로해 주었다. 그리고 지금이라도 꺼내 줘서 정말 고맙다는 말도 해 주었다. 그때 관리인이 내 발을 보더니, 아니 구두는 어디다 두셨어요? 나는 이마를 쳤다. 그러고 보니 아까 구두를 문에 끼워 넣는다고 벗었다가 그만 발을 끼우는 바람에 그냥 놔 둔 것이었다. 이봐요. 아저씨. 엘리베이터 안에 벗어 둔 모양인데 지금 내가 그거 가지러 내려갈 시간이 없거든요. 그거 찾으시거든 15층 자원관리부로 좀 갖다 주시겠어요? 그는 그러마고 했다. 시계를 보았다. 어느새 열 시가 훌쩍 넘어 있었다. 험난한 출근길이었다. 나는 사무실이 있는 15층까지 다른 엘리베이터를 타고 갈까 하다가 그냥 비상계단을 걸어서 올라갔다. 사무실에 들어서니 동료들은 모두 회의에 들어갔는지 보이지 않았고 미스 리만이 전화를 받으러 남아 있다가 날 보더니 화들짝[47] 놀랐다. 아니 정 대리님, 하수도로 출근하셨나 봐요? 거울 좀 보세요. 거울을 보니 머리는 땀에 젖었다

41) 고분고분 : 말이나 행동이 공손하고 부드러운 모양

42) 덕지덕지 : 때나 먼지 따위가 아주 많이 끼어 있는 모양. 어지럽게 덧붙거나 겹쳐 있는 모양.

43) 측은하다 : 보기에 가엾고 불쌍하다.

44) 관행 : 오래 전부터 해 오는 대로 함. 또는 관례에 따라서 함.

45) 유착 : 사물들이 서로 깊은 관계를 가지고 결합하여 있음.

46) 퍼붓다 : 비, 눈 따위가 억세게 마구 쏟아지다. 욕설, 비난 따위를 마구 하다.

47) 화들짝 : 별안간 펄쩍 뛸 듯이 놀라는 모양.

식어서 엉겨[48] 붙어 있었고 면도는 반만 되어 있고 어깨엔 여자의 하이힐 자국이 움푹 파였고 양복의 앞은 기름으로 더러워져 있고 버스 사고로 그나마도 다 구겨져 있었다. 게다가 구두도 엘리베이터에 놓고 오지 않았는가.

그때 회의실 문이 열리면서 과장의 얼굴이 나타났다. 이봐, 미스 리, 정 대리 아직 안 왔나? 아, 저기 왔군, 도대체 지금이 몇 시야. 어서 들어와서 보고해. 나는 과장에게 내 행색을[49] 가리키며 좀 봐 달라는 표정을 지었으나 과장은 그냥 문을 쾅 닫고 들어가 버렸다. 회의에 들어가기 전에 나는 할 일이 있었는데, 119에 신고도 해야 하고 먼저 나가서 신고도 해 주지 않은 경리부의 미스 정을 만나 따지고 화장실에서 행색도 추스르고[50] 잃어버린 구두도 찾아야 하는데, 나는 그 모든 것을 뒤로 미루고 할 수 없이 회의실로 들어갔다. 사람들은 반쯤은 졸고 있었고 나머지 반은 자기가 발표할 자료들을 뒤적이고 있었다. 이사와 부장, 그리고 과장만이 나를 뚫어지게 바라보고 있었다.

그들은 물었다. 지각한 사유와 내 옷차림에 대하여. 나는 말했다. 아침에 제가 사는 엘리베이터에 누가 끼여 있었구요. 버스는 트럭하고 충돌했고 사람들은 휴대폰을 빌려 주지 않았고 지갑을 놓고 나오는 바람에 회사에 전화도 할 수 없었고 버스에선 치한으로 몰리는 바람에 충정로에서[51] 내려야 했고 회사까지 뛰어오긴 했는데 엘리베이터가 고장 나는 바람에 그 속에 삼십 분이 넘게 갇혀 있었고 어깨의 이 하이힐 자국은 같이 갇혀 있던 여자를 탈출시킬 때 생긴 것이며, 그 여자가 나가자마자 신고를 해 줬어야 하는데 안 해 주고 자기 갈 길을 가 버렸고, 엘리베이터에서 나오다가 문턱에 발라진 기름 때문에 옷이 더러워졌고 그 와중에 구두는 엘리베이터 안에 놓고 왔다고. 미안하다고, 죄송하다고, 뭐가 미안한지 뭐가 죄송한지 모르겠지만 여하튼 미안하다고. 그러나 부장은 단 한 마디로 나의 말을 잘랐다. 됐어, 보고나 하지. 나는 어깨를 한 번 으쓱거리고는 주섬주섬 이면지 사용을 획기적으로 진작하기 위해선 인센티브 제도의 도입

48) 엉기다 : 액체나 가루 따위가 한 덩어리가 되면서 굳어지다.

49) 행색 : 겉으로 드러나는 차림이나 태도.

50) 추스르다 : 일 따위를 수습하여 처리하다.

51) 충정로 : 서울의 광화문에서 신촌을 잇는 도로.

이 필수적이라는 요지의 발언을 했다. 또 화장실 휴지를 절약하기 위해선 절취선[52] 이 딱 1미터에 한 번씩 나 있는 휴지를 제조회사에 특별 주문하는 것이 가장 좋겠다는 얘기도 했다. 보통 휴지의 절취선은 10센티미터 간격인데 그걸 1미터 간격으로 해 놓으면 사람들이 한 번의 볼일에 1미터만 사용하게 되므로 절약 효과가 아주 클 것이다. 우리 회사 사원들에게 설문조사를 해 본 결과 보통 한 번 볼일에 1.4미터를 사용한다. 그러니 절취선을 1미터에 한 번씩 내어놓으면 약 40퍼센트의 절감효과가 발생한다는 사실을 무지하게 꾀죄죄한[53] 행색으로 역설했다.

그러자 당장 반론들이 제기되었다. 먼저 이은희 대리가 손을 들었다. 저기, 여사원들은 작은 볼일에도 휴지를 사용하거든요. 음, 다른 사람들은 모르겠지만 저는 1미터나 되는 휴지를 사용하지는 않아요. 뭐 넉넉잡아 30센티미터면 되는데 만약 절취선이 1미터마다 나 있는 휴지를 주문 사용한다면 그건 오히려 70퍼센트의 낭비가 발생하는 거 아닌가요? 이어 못마땅한 눈으로 앉아 있던 이사도 끼어들었다. 이보게. 1미터 40센티의 휴지를 사용하던 사람들이 어떻게 1미터만 사용하게 될 거라고 자신하나? 그 사람들이 2미터를 쓸 수도 있지 않은가. 이 제안은 폐기하도록 하고 좀더 생산적인 절감[54] 방안을 다시 연구하게. 부장과 과장도 고개를 끄덕이고 있었다. 나는 정말 궁금했다. 도대체 이 사람들은 화장실에서 몇 미터의 휴지를 소비하며 사는 걸까. 도대체 그게 왜 1미터로 부족하다는 건가.

회의는 열두 시가 다 되어서야 끝이 났다. 모두들 점심을 먹으러 왁자지껄 사무실을 뜨는 동안에 나는 구두를 찾으러 갔다. 고장 났던 엘리베이터는 정상적으로 작동되고 있는 모양이었다. 나는 찜찜하기도[55] 해서 다른 엘리베이터를 타고 1층으로 내려갔다. 경비원들이 앉아 있는 프런트 데스크로 다가가자 앉아 있던 안내 여직원이 가장 먼저 벌떡 일어났고 이어 경비원들이 몰려들었다. 여직원은 새침한[56] 표정으

52) 절취선 : 문서나 고지서 따위에 자를 수 있게 나타낸 선.

53) 꾀죄죄하다 : 옷차림이나 모양새가 매우 지저분하다.

54) 절감 : 아끼어 줄임.

55) 찜찜하다 : 마음에 꺼림칙한 느낌이 있다.

56) 새침하다 : 쌀쌀맞게 시치미를 떼는 태도가 있다.

로, 뭘 도와 드릴까요, 라고 물었지만 눈은 내 쪽으로 다가오는 경비원들에게 향해 있었다. 그녀의 눈짓이 뭘 말하는지는 곧 밝혀졌다. 경비원들은 나를 둘러싸고는, 단도직입적으로,[57] 나가주세요, 라고 말했다. 나는 항변했다.[58] 나 여기 직원이에요. 자원관리부의 정 대리란 말입니다. 아까 고장 난 엘리베이터에 타고 있다가 신발을 벗어 놓고 나왔는데 그 신발만 찾으면 된단 말입니다. 이봐요. 어어어. 그렇게 말하는 순간에도 나는 그들에게 들려 회사 밖으로 옮겨지고 있었다. 이봐요. 자원관리부에 전화해 봐요.

나를 구출해 준 사람은 입사 동기 한 대리였다. 나는 밥을 먹으러 나가던 그를 애절하게[59] 불러 댔다. 이봐, 한경식 씨, 나야, 나. 그가 나를 알아봐 준 덕분에 나는 풀려났고 경비원들에게 그간의 경과를 설명할 수 있게 되었다. 한 대리, 내가 나중에 점심 살게. 그에게 마음에서 우러나오는 감사를 표하고 돌아서서 경비원들에게 엘리베이터 고장과 나의 구두에 대한 이야기를 했다. 그러나 아무도 엘리베이터가 고장 났다는 사실을 알지 못했으며 따라서 누가 그 엘리베이터를 열고 나를 꺼내 주었는지도 몰랐다. 그들은 여기저기 전화를 하거나 무전을 쳐 댔지만 삼십 분이 지나도록 그 문제의 인물을 찾아낼 수 없었다. 결국, 그들이 내게 마지막으로 한 말은, 저희로서는 모르겠네요. 사무실에 슬리퍼라도 있으면 신으시고 요 근처 구두 가게에 가서 하나 사서 신으시지요. 나는 힘없이 고개를 끄덕이고는 사무실로 돌아가기로 했다. 1층에서 엘리베이터를 기다리는데 아까 나를 가둬 두었던 엘리베이터 문이 가장 먼저 열렸다. 탈 생각은 없었지만 그 속에 가지런히 놓여 있는 구두는 볼 수 있었다. 나는 날렵한[60] 치타처럼 황급히 들어가 그 구두를 집어 들고 문이 닫히기 전에 그 엘리베이터에서 빠져나오는 데 성공했다. 허탈했다.[61] 눈물이 날 것만 같았다. 나는 1층 로비 소파에서 그 구두를 한 짝씩 발에 끼워 넣었다. 구두를 발에 끼워 넣자 나는 비로소 우리 아파트 엘리베이터에 끼여 있을 그 사람이 생각났다. 어차피 이런 행색이라면 식당에도 갈 수 없

57) 단도직입적 : 여러 말을 늘어놓지 않고 바로 요점으로 들어가는 것.

58) 항변 : 대항하여 변론함.

59) 애절하다 : 몹시 애처롭고 슬프다.

60) 날렵하다 : 재빠르고 날래다.

61) 허탈하다 : 몸에 기운이 빠지고 정신이 멍함. 또는 그런 상태.

을 테고 그래서 나는 사무실로 올라가 119로 전화를 걸었다. 여보세요. 119죠? 담당자는 친절하게, 어디십니까? 라고 물어 왔다. 아, 여기는 종로인데요. 그러자 담당자는 금세, 아, 금정빌딩이죠? 라며 내가 근무하는 빌딩의 이름을 이야기해왔다. 나는 그들이 내 머리 위에서 나를 내려다 보고 있는 것 같은 착각이 들었다. 나는 사고가 난 곳은 여기가 아니라 삼동아파트라고 말해 주었다. 담당자는 의아해하는[62] 기색이었다. 그러나 여전히 친절하게 물어왔다. 무슨 사고입니까? 사람이 엘리베이터에 끼여 있었어요. 그게 언제입니까? 담당자의 목소리엔 이제 완연하게[63] 의심과 짜증이 드러났다. 오늘 아침 일곱 시 오십 분쯤인데요. 담당자는, 이거 보세요. 저희 바쁜 사람들입니다. 농담할 시간 없단 말입니다. 나는 황급히 변명을 해야만 했다. 아, 그러니까 아침에 그 사고를 보자마자 신고하려고 했는데요. 사람들이 휴대폰을 빌려 주지도 않았고 경비는 없고 게다가 제가 탄 버스가 사고가 났거든요. 회사에 오자마자 회사 엘리베이터가 고장이 난 데다가 중요한 회의가 있었고 그 회의가 이제야 끝나서 이렇게 된 겁니다. 그 사고가 어떻게 처리됐는지 좀 알려 주세요. 담당자는 그런 일은 여기 소관이[64] 아니라면서 관할 소방서에 전화해 보라고 했다. 나는, 혹시 모르니까 지금이라도 구조대를 삼동아파트에 보내 줄 수는 없겠느냐, 주민들이 다들 맞벌이 아니면 독신 직장인들이라 어쩌면 나처럼 아무도 지금까지 신고를 안 했을 가능성이 있다고 말해 보았지만 담당자는 대꾸하지 않고 그냥, 감사합니다, 라고 말하며 전화를 끊어버렸다. 도대체 뭐가 감사하다는 거지. 나는 화가 났지만 내가 할 수 있는 일이라고는 없었다.

오후의 회사 일은 순조롭게[65] 흘러갔다. 나는 계속 화장실 휴지 사용 절감 방안을 연구했고 사원들에게 돌릴 다른 설문지를 제작했다. 다섯 시가 되자 모두 썰물처럼 빠져 나갔고 나는 미스 리에게 만 원을 빌려 집으로 향했다. 아파트에 도착해서 우편물을 확인했다. 고지서들이[66] 잔뜩 쌓여 있었다. 나는 그 중 몇 개는 경비실 1층에 마련된 폐지수거함에[67] 버리고 엘리베이터로 다가갔다. 다행히 엘리베이터는 정상적으로 작동되고 있었다. 몇 명의 사람들과 함께 엘리베이터에 올라탔다. 사람들은 지저분한 나를 피해 다른 쪽 구석에 몰려 서 있었다. 나는 그들에게 물었다. 혹

62) 의아하다 : 의심스럽고 이상하다.

63) 완연하다 : 눈에 보이는 것처럼 아주 뚜렷하다.

64) 소관 : 맡아 관리하는 것. 또는 그 범위.

65) 순조롭다 : 일이 아무 문제없이 예정대로 잘 되어 가는 상태에 있다.

66) 고지서 : 국가 기관이 일정한 일을 민간에 알리는 법적인 문서.

67) 폐지수거함 : 쓰고 버린 종이를 거두어 가기 위해 만든 상자.

시, 아침에 이 엘리베이터에 끼여 있던 사람 어떻게 됐는지 아십니까? 사람들은 말없이 고개만 저었다. 아니, 제가 출근할 때 보니까요. 엘리베이터가 5층하고 6층 사이에 서 있고 6층 바닥과 엘리베이터 바닥 사이에 한 사람이 끼여 있더라구요. 그 얘기 모르세요? 사람들은 아무도 대꾸하지 않았고 자기 층에 엘리베이터가 설 때마다 황급히 내려 집으로 향했다. 한 아주머니는 다섯 살쯤 되어 보이는 딸을 품에 꼭 안고 나를 경계하고 있었다. 이윽고 엘리베이터가 15층에 정지했고 나와 함께 내린 여자는 전속력으로 집을 향해 뛰어갔다. 나는 문을 열고 집으로 들어가 양복을 벗어 아무데나 집어 던지고 샤워를 했다. 머리에 샴푸를 바르면서도 나는 계속 궁금했다. 도대체 그 사람은 어떻게 됐을까. 경비한테 인터폰이나 해 봐야겠다. 그런데 샴푸질을 다 하고 물을 틀었을 때, 갑자기 차가운 물이 쏟아지기 시작했다. 아무리 꼭지를 조절해 봐도 마찬가지였다. 나는 온몸을 오들오들[68] 떨며 비눗기만 씻어낸 후에 인터폰을 들었다. 뚜뚜뚜. 경비는 이미 그런 전화를 수십 번 받았는지, 내가 뜨거운, 이라고 말하자마자, 아, 밑에 공고도 안 보고 다녀요? 오늘부터 배관[69] 교체 공사한다고 써 붙여져 있잖아요. 내가 방송도 여러 수십 번을 했는데 말야. 거의 반말조로 다다다다 내뱉은 경비는 인터폰을 끊어 버렸다.

아, 그래서 지금도 나는 궁금하다. 엘리베이터에 낀 그 남자는 어떻게 됐을까.

---

68) 오들오들 : 춥거나 무서워서 몸을 잇따라 심하게 떠는 모양.

69) 배관 : 기체나 액체 따위를 다른 곳으로 보내기 위하여 관을 이어 배치함.

• 글쓴이 소개

김영하(1968~)

1995년 단편소설 「거울에 대한 명상」을 통해서 등단하였으며, 작품집으로 『나는 나를 파괴할 권리가 있다』, 『엘리베이터에 낀 그 남자는 어떻게 되었나』, 『오빠가 돌아왔다』, 『검은꽃』, 『빛의 제국』, 『퀴즈쇼』가 있다. 김영하는 인터넷 시대의 새로운 생활방식과 풍속 등을 탐구하여 인간관계의 해체와 현대사회의 비인간성을 비판하는 작품 세계를 보여주고 있다.

어휘 연습

1. 다음을 관계 있는 것끼리 연결하십시오.

1) 태연하다 •	• 마음에 걸려 언짢은 느낌이 있다.
2) 허탈하다 •	• 태도나 기색이 아무렇지도 않은 듯이 예사롭다.
3) 꾀죄죄하다 •	• 가엾고 불쌍하다.
4) 측은하다 •	• 옷차림이나 모양새가 매우 지저분하고 궁상스럽다.
5) 찜찜하다 •	• 몸에 기운이 빠지고 정신이 멍하다.

2. 다음 단어를 넣어 문장을 완성해 보십시오.

말쑥하다	갈등하다	시답잖다	기가 차다	힐끔거리다	돌진하다

1) ㄱ. 그 친구는 면접시험에 가기 위해서 옷을 ....게 차려 입었다.
ㄴ. ....은/ㄴ 정장 차림으로 친구의 결혼식에 참석하였다.

2) ㄱ. 나는 회사를 옮겨야 할지 계속 다녀야 할지 ....고 있다.
ㄴ. 회사 안에서 동료와의 인간관계 때문에 ....은/ㄴ/는 직장인들이 많다고 한다.

3) ㄱ. 그런 ....은/ㄴ 말에는 귀를 기울일 필요가 없다.
ㄴ. 많은 사람들은 그의 말을 ....은/ㄴ 듯 무시했다.

4) ㄱ. 다른 사람을 똑바로 보지 않고 ....는 것은 실례입니다.
ㄴ. 지나가는 사람들이 동물 복장을 한 사람을 ....고 있었다.

5) ㄱ. 뉴스에 의하면 자동차가 횡단보도로 ....어서/아서/여서 많은 사람들이 다쳤다고 한다.
ㄴ. 그 사람은 한 번 목표를 정하면 그것을 향해서 ....는 사람이다.

3. 다음 문제를 보고 답을 쓰십시오.

1) 다음의 단어들을 관계있는 것끼리 연결하고 문장을 만드십시오.

오한 •	• 부리다
울화통 •	• 벌이다
신경질 •	• 나다
실랑이 •	• 터지다

- 영수는 요즘 스트레스가 많이 쌓이는지 작은 일에도 (　　　　)을/를 부린다.
- 그 사람이 내 말을 들어주지 않아서 (　　　　)이/가 터졌지만 참았다.
- 비를 맞아서 그런지 (　　　　)이/가 나서 몸이 떨리고 기침도 심하다.

2) 뜻이 같은 것끼리 연결하십시오.

머리를 굴리다 •	• 생각하다
쏘아붙이다 •	• 말을 내뱉다
회사에서 잘리다 •	• 해고를 당하다

- 그는 어떻게 하면 문을 열 수 있을까 (　　　　)어/아/여 보았다.
- 요즘 경제 사정이 어려워져서 (　　　　)은/ㄴ 사람들이 많다
- 여자는 화가 나서 남자 친구에게 거짓말을 하지 말라고 (　　　　)었다/았다/였다

3) (　　　　)안에 적당한 단어를 찾아 쓰십시오.

화살	썰물	꿀

- 그 일이 실패하자 동료들은 영수에게 비난의 (　　　　)을/를 퍼부었다.
- 퇴근시간이 되자 사원들이 (　　　　)처럼 빠져나갔다.
- 어머니께 꾸중을 들을 때 아이는 (　　　　) 먹은 벙어리처럼 아무 말도 못했다.

내용 이해

1. 이 소설에서 작가가 말하고자 하는 주제는 무엇입니까?

- 자신의 일에 최선을 다하는 것은 중요한 일이다. ☐
- 이웃의 어려움을 도와주는 것이 미덕이다. ☐
- 타인의 일에 무관심한 현대인의 모습을 비판한다. ☐
- 첨단 기기는 우리의 삶을 편리하게 해 준다. ☐

2. 주인공에게 일어난 일을 순서대로 정리해 보십시오.

아파트에서	• 면도기가 부러졌다. •

↓

회사에 가는 길	• 공중전화가 고장이었다. •

↓

회사에서	• 엘리베이터가 고장 나서 그 안에 갇혔다. •

↓

집에 오는 길	• 엘리베이터에서 만난 이웃들이 그를 피했다. •

3. 다음을 읽고 맞으면 O표, 틀리면 X표 하십시오.

1) 주인공은 휴대폰을 빌려 엘리베이터 사고를 신고했다. ( )

2) 주인공은 미스 정을 엘리베이터 안에서 처음 만났다. ( )

3) 119 안내원은 이 사람의 말을 믿어 주지 않았다. ( )

4) 회사의 경비원은 이 사람의 얼굴을 기억하고 있었다. ( )

이야기해 봅시다

1. 다음의 어휘를 사용하여, 사진에 나타난 현대인의 삶에 대해서 이야기해 봅시다.

열중하다	무관심	소외	타인	이기적이다

2. 현대사회에서 인간소외가 심화되는 이유는 무엇이라고 생각합니까?

3. 첨단 기술의 발달이 인간의 삶을 더 행복하게 만들 수 있다고 생각합니까?

제10과 소설 읽기와 세상 읽기 (2)

1. 여러분의 행복한 시간은 언제였습니까?

2. 다음은 『우리들의 행복한 시간』의 줄거리입니다. 이 글의 다음에 이어질 내용을 이야기해 봅시다.

> 대학교수인 문유정은 겉으로는 아주 화려하고 가진 게 많은 듯 보이지만, 어린 시절에 겪었던 씻을 수 없는 상처와 가족들에 대한 배신감으로 인해 냉소적인 삶을 살아가며 여러 번 자살기도를 했던 여자이다. 그녀는 세 번째 자살에 실패한 날 고모인 모니카 수녀를 따라서 사형수를 면회하러 가게 되고, 거기서 스물일곱 살의 사형수 정윤수를 만나게 된다.

CD: 10

우리들의 행복한 시간

공지영

멀리 모니카 고모의 모습이 보였다. 고모는 좀 화가 난 듯했다. 내가 거의 삼십 분이나 늦어 버렸던 것이다. 내가 과천 정부종합청사 전철역 입구에 멈추어 서자 고모는 손에 들고 있던 커다란 꾸러미를[1] 들고 차에 올라탔다. 날이 추워서 그랬는지 고모의 검은 베일에서 몰려오는 찬 기운이 냉장고의 문을 열고 서 있는 듯 섬뜩했다.[2] 고모의 입술이 파랗게 질려[3] 있었다.

"옷을 말이야… 뭘 입고 와야 할지 모르겠더라구. 내가 구치소라는 데를 갈 줄 알았더라면 수녀복 같은 걸 좀 장만했을 텐데… 그래서 뭐 입나 고민하다가 늦었어요. 그러니까 휴대폰 같은 거 하나 장만하시지… 요새는 중이고 신부고 다 차 하나씩 있던데… 자동차도 하나 사면 좋잖아."

늦은 것을 변명하기 위해 내가 말했다. 고모는 아무 말도 하지 않았다.

"그러길래 내가 수녀원으로 가서 모시고 오겠다고 했는데 고모가 고집 피운 거잖아."

나는 내가 잘못했다는 느낌이 들 때 언제나 그랬던 대로 책임을 미뤘다.

"그 사람들은 일주일 내내 나를 기다리는 사람들이야. 일주일 동안 사람을 직접 만나지 못하는 아이들이라구. 너 땜에 그들의 귀중한 삼십 분이 날아갔다. 너한테는!"

고모는 아주 화가 난 듯 말을 잠시 멈추었다. 그리곤 침을 꿀꺽 삼키더니, 천천히 입을 열었다.

"너한테는 아무렇게나 쓰레기통에 버려도 되는 그 삼십 분이 그들에게는 이 지상에서 마지막 삼십 분이야. 그들은 오늘이 지나고 나면 다시는 오지 않을지도 모르는 그

1) 꾸러미 : 꾸리어 싼 물건

2) 섬뜩하다 : 갑자기 소름이 끼치도록 무섭고 끔찍한 느낌이 들다. 여기서는 '선뜩하다'의 오기로 보임. '선뜩하다'는 갑자기 서늘한 느낌이 있다.

3) 질리다 : 몹시 놀라거나 두려워 얼굴빛이 변하다.

오늘을, 그런 오늘을 사는 사람들이라구!.... 네가 그걸 알겠니?"

말소리는 나지막했지만 단호했고[4] 약간 울음기가 배어 있었다. 나한테는 쓰레기통에 버려도 되는 삼십 분이라는 말이 잠깐 목에 걸렸다. 내가 아무리 내 생을 탕진하며[5] 사노라고 내 입으로 떠들고 다니긴 했지만 그걸 남이 그렇다고 말할 때는 그다지 기분 좋은 일이 아닌 것이다. 내가 약속시간에 늦은 것이 사실이니까 그냥 내가 참는 게 나을 것 같았다. 어쨌든 오늘은 내가 고모를 따라온 첫날인 것이다. 하지만 기분이 좋은 첫날은 분명 아니었다. 쓰레기통이라는 그건 내가 쓴 표현이었지만, 아무리 그렇다 해도 내 말투를 그대로 옮겨서 고모가 내게 그렇게 심한 표현을 쓴 것은 처음이었다. 고모도 늙으시니까 약해지시나 보다, 하고 나는 생각해 버리기로 했다.

수녀가 된 고모가 교도소에 드나든다는 걸 나는 프랑스로 떠나기 전 신문에서 본 적이 있었다. 새벽녘에 머리가 아파 죽겠다고 전화를 한 엄마를 보러 의사인 작은 오빠가 집에 다니러 온 날이었다. 작은 오빠는 고모 나왔던데, 하고 들고 온 신문을 폈다. 그 신문은 소위 진보적이라는 신문이어서 작은 오빠가 아니었다면 우리 집에서는 고모가 신문에 날 정도로 유명한 사람이 되었다는 것도 몰랐을 것이다. 아침에 일어나면 아침 인사처럼 일하는 아이에게 소리를 지르는 어머니가 그날도 일하는 아이에게 기어이 그 아침 인사를 하고 있다가 다가와 식탁에 앉았다. 고모가 아마 사형수들을 찾아다니는 모양이야. 작은 오빠가 말하자, 어머니가 대답했었다. 훌륭하시구나, 수도자가 됐으면 그 정도 희생은 해야지... 훌륭하셔... 너희 병원 신경외과에 예약 좀 해 놓겠니? 검사를 받아야겠어. 머리 속에서 뭐가 고장이 났는지 머리가 아파, 미치도록 머리가 아파서 어제도 한숨을 못 잤단다. 전에 네가 준 약도 안 들어. 그 약만 먹으면 화장이 안 받아... 몸에 나쁜 약을 몇 개씩이나 더 먹을 수도 없고 잠을 못 자니까 늙는 거 같애. 피부가 엉망이야... 언제나 말이 없던 작은 오빠는 입을 다물었고 나는 건강염려 중증인 엄마 옆에서 유기농 호밀빵 속에 햄과 야채를 끼워 넣은 샌드위치를 먹고 있었다. 작은 오빠와 내 눈이 마주쳤다. 좀 마음을

4) 단호하다 : 결심이나 태도, 입장 따위가 과단성 있고 엄격하다.

5) 탕진하다 : 재물, 시간, 힘, 정열 따위를 헛되이 다 써 버리다.

편하게 가지세요, 어머니. 몇 번 검사를 했는데도 아무 이상도 없었잖아요. 작은 오빠가 지치지도 않고 어머니에게 연민의 목소리로 말했고 나도 거들었다.[6] 엄마, 작은 오빠 말이 맞아. 그래 현대의학이 어떻게 감히 엄마의 예민하고 섬세한[7] 신경구조를 독해하겠어? 그러니 교양 있는 엄마가 참으시는 수밖에. 그리곤 아마 그날 아침도 우리들의 식사는 결국 엄마의 고함소리로 막을 내렸던 게 기억났다. 늘 벌어지는 아침 풍경이었다. 그 끔찍한 딴따라[8] 짓 집어치우고 어디 유학이라도 가 버리라고 엄마가 말했을 때 내가 흔쾌히 그러마고 했던 것은, 그때 일 년쯤의 가수 생활에서 느끼던 재미도 시들해지고 있었고, 아마도 집을 떠나면 조용한 아침을 찾을 수 있다는 기대도 한몫 했을 것이다. 나도 더 이상 엄마의 옥타브에 맞춰 고함치기에도 지쳐 있었던 것이다.

"미안해요. 내가 잘못했다구... 미안하다구요..."

더 버티는 것보다 순순히 항복하는[9] 편이 나을 것 같았다. 왜 그런 생각이 들었는지 모르지만 나는 고모가 울까 봐 겁이 났다.

"그런데 고모 설마 날 데리고 지금 그 사형수들...인지...한테 가는 건 아니겠지? 날 보고 거기서 설마 애국가를 부르라는 건 아니겠지?"

"그 사람들한테 가는 거야...애국가를 부를 수 있으면 부르지, 못 할 이유는 또 뭐냐? 그 목소리 쓰레기통에 처박느니[10] 좋은 데 쓰면 좋은 거지. 저기 삼거리에서 좌회전하거라."

모니카 고모는 그렇게 말했다. 또 쓰레기통이었다. 내가 그날 병실에서 좀 감상적으로 한 말을 가지고 자꾸 약을 올리는 고모가 좀 비열하게[11] 느껴졌고 나는 약간 화가 나려고 했다. 고모의 말대로 좌회전을 하고 나자 서울구치소라고 쓴 간판이 보였다. 지겨운 병원에서 외삼촌이 데리고 있는 젊은 정신과 의사와 마주 앉아 그래서 화가 난 게 대체 뭐였죠, 라든가, 그럴 때 왜 화가 났지요? 어린 시절에 그거랑 비슷한 생각이 난 적이 있었나요? 뭐 이런 질문에 대답하

6) 거들다 : 남이 하는 일을 함께 하면서 돕다.

7) 섬세하다 : 곱고 가늘다. 매우 찬찬하고 세밀하다.

8) 딴따라 : 연예인을 낮게 이르는 말.

9) 항복하다 : 적이나 상대편의 힘에 눌리어 굴복함.

10) 처박다 : 마구 쑤셔 넣거나 푹 밀어 넣다.

11) 비열하다 : 사람의 하는 짓이나 성품이 천하고 졸렬하다.

고 있는 것보단 애국가를 부르는 게 나을까... 언제나처럼 나는 모르겠다, 길게 생각하지 말자, 하며 나를 달랬다. 구치소는 적어도 병원처럼 진부하지는[12] 않을 테니까.

신분증을 맡기고 우리는 철창 안으로 들어섰다. 철창 하나를 지나자 뒤에서 문이 닫혔다. 쇠와 쇠가 부딪히는 소리가 싸늘하고 어둡고 텅 빈 복도에 울려 퍼지는 순간 묘한[13] 생각이 들었다. 나중에까지 오래도록 느낀 거였지만 그곳은 늘 온도가 바깥보다 이삼 도쯤 낮았다. 겨울에는 물론이고 한여름 복 지경에도 그랬다. 누군가가 말한 대로 그곳은 어둠이 서식하는[14] 공간이었다. 우리는 다시 문 하나를 지났다. 뒤에서 다시 문이 닫혔다. 커다란 안뜰, 사람들의 자취는 하나도 없는데, 저쪽 구석에서 푸른 죄수복을 입은 사람들 몇 명이 손수레를 끌고 있었다. 멀리 흰 석고로 된 성모상 아래에 작은 나무가 서 있고 거기에 크리스마스 전구가 촌스러운 색깔로 겨울 햇빛에 반짝이고 있는 것이 보였다. 크리스마스가 가까워온다는 것을 나는 그제야 처음으로 의식했다. 파리의 대림절이[15] 생각났다. 샹젤리제 거리를 가득 메운 크리스마스 불빛들, 거리에서 꽃을 팔던 소녀들, 붉은 포도주와 혀 위에서 부드럽고 고소하게 녹아 끝내 허무의 매혹을 주던 프와그라 요리, 소음과 토악질로 끝났던 술자리....우리는 모퉁이를 여러 번 돌아 작은 방으로 안내되었다. 한 두 평 남짓한 방에는 십자가가 걸려 있고 그 옆에는 렘브란트의 그림 「돌아온 탕자」가 자리하고 있었다. 작은 탁자가 하나, 의자가 대여섯 개 놓여 있는 방 안은 소박했다.[16] 고모는 가지고 온 꾸러미를 내려 놓고 커피포트의 스위치를 올렸다. 잠시 후 노크 소리가 들렸다. 창살이 쳐진 문의 작은 유리창 너머로 옥색빛 수의가[17] 언뜻 보였다.

"어서 와라, 어서 와... 네가 윤수구나."

모니카 고모는 교도관의 안내로 방으로 들어선 그에게 다가가 그를 얼싸안았다.

사형수...... 그는 사형수였다. 그의 왼쪽 가슴에는 붉은 명찰이 달려 있었다. 아니다. 명찰이 아니다. 이름이 없으니까. 거기에는 서울 3987이라는 검은 글씨가 쓰

12) 진부하다 : 사상, 표현, 행동 따위가 낡아서 새롭지 못하다.

13) 묘하다 : 일이나 이야기의 내용을 표현하거나 규정하기 어렵다.

14) 서식하다 : 동물이 깃들여 살다.

15) 대림절 : 예수 성탄 대축일을 준비하고 기다리는 성탄 전 4주간.

16) 소박하다 : 꾸밈이나 거짓이 없고 수수하다.

17) 수의 : 죄수가 입는 옷.

여 있었다. 그는 고모의 그런 포옹이 몹시 거북한[18] 듯했다. 키는 한 일 미터 칠십오 센티미터쯤 될까. 흰 얼굴 검은 고수머리[19], 그리고 그 위에 걸쳐진 뿔테 안경 속의 눈은 길고 날카로웠다. 그러나 넓고 흰 이마 위로 흘러내린 보통 사람보다 아주 검고 부드러운 고수머리는 전체적으로 그의 날카로움을 많이 완화시켜[20] 주고 있었다. 그러나 얼굴 곳곳에 드리워진 어두운 그림자는 뜻밖에도 내가 대학 강단에서 만나는 젊은 교수들의 얼굴을 연상시키기도 했다. 재단이 이래도 됩니까, 젠장, 할 때거나, 교수회의 중에 말도 안 되는 이사장의 말, 예를 들어 올해 우리 대학의 한 해 목표는 우선 공부하는 대학을 만드는 겁니다, 인재를 길러야 돼요, 우리 재단은 오직 그 목적을 가지고 학교를 설립했으며... 같은 누가 들어도 웃고 말 그런 말을 듣고 있을 때의 젊은 교수들 얼굴과 비슷했던 것이다. 나는 순간적으로 저 사람의 가슴에 달린 빨간 명찰이 혹시 국가보안법이라는[21] 것을 의미하는 것은 아닐까 하는 착각을 잠시 했다. 아마도 얼핏 비추었던 이 지적인 인상이 그런 상상을 불러일으켰을지도 모르겠다. 그는 파리에서 젊은 사람들이 입고 다니던 티셔츠 위에 새겨진 체 게바라[22]의 한국판 얼굴이라고 말할 수도 있는 느낌을 주는 사내였다. 뭐랄까, 죽음을 넘어가 버린 존재, 어린 시절에 이미 거친 황야에서[23] 쓸쓸하게 죽기로 맹세한 사람들이 가지는 그런 수성(獸性) 같은 것이 아른거리고[24] 있었던 것이다. 그리고 그게 그에게 더 어울릴 것 같았다. 더 솔직히 말하자면 어쨌든 그는 내가 상상했던 소위 죄수의 얼굴을 하고 있지는 않았다. 하지만 나는 이런 진부한 기대를 무참히[25] 깨버리는 신선한 파격을[26] 좋아하는 사람이었다. 나는 그에게 호기심이 좀 생겨나기 시작했다.

"앉자. 자 앉아라... 내가 여러 번 네게 편지 했던 모니카 수녀다."

---

18) 거북하다 : 몸이 괴로워 움직임이 자연스럽지 못하거나 자유롭지 못하다.

19) 고수머리 : 곱슬머리.

20) 완화시키다 : 긴장된 상태나 급박한 것을 느슨하게 하다.

21) 국가보안법 : 국가의 안전을 위태롭게 하는 반국가 활동을 규제하도록 제정한 법률.

22) 체 게바라(Che Guevara, 1928~1967) : 아르헨티나 출신의 쿠바 정치가, 혁명가.

23) 황야 : 거친 들판.

24) 아른거리다 : 무엇이 희미하게 보이다 말다 하다.

25) 무참하다 : 몹시 끔찍하고 참혹하다.

26) 파격 : 일정한 격식을 깨뜨림.

그는 서투른 동작으로 자리에 앉았다. 앞으로 모여 있는 그의 두 손목에 채워진 혁수정이 그제야 내 눈에 띄었다. 허리에 굵은 가죽 벨트 같은 것을 차고 거기에 달린 고리에 수갑이 매어져 있는 혁수정, 그 이름조차 나중에 안 것이었지만 왜였을까, 가슴이 철렁했다.[27]

"이주임, 저기... 내가 빵을 좀 사 왔거든... 빵 먹게 저... 수갑 좀 풀어 주면 안 될까?"

고모가 조심스레 물었다. 이주임이라는 교도관이[28] 곤란하다는 듯이 그냥 웃었다. 그의 얼굴에는 나는 바른 생활 사나이입니다, 같은 표정이 어려 있었다. 모니카 고모는 더 이상 고집을 피우지 않고 꾸러미에 든 빵을 꺼내 놓았다. 크림빵과 버터빵, 단팥빵... 고모가 커피포트에서 끓은 물을 따라 커피를 만들어 그의 앞에 내 놓았다. 그리고는 수갑이 차인 그의 손에 빵 하나를 쥐어 주었다. 그는 대답 없이 빵 하나를 들어 잠시 그것을 물끄러미[29] 바라보았다. 정말 이것이 먹어도 되는 음식일까 하는 표정이었고, 한편으로는 오래도록 그리웠던 음식을 바라보는 자의 비감[30] 같은 것이 어리고[31] 있었다. 그는 결심을 한 듯 어렵게 그것을 입에 밀어 넣었다. 혁수정을 차고 있었으므로 빵을 입에 밀어 넣는 동작을 하려면 허리까지 고개가 내려가야 하기 때문에 그의 몸이 달팽이처럼 둥글게 말렸다. 그는 그렇게 빵을 베어 먹고 그것을 우적우적 씹었다. 시선은 줄곧 의미 없이 탁자에 붙박인 채였다.

"그래 편하게 먹어... 목이 메겠다, 커피 좀 마시고... 앞으로도 먹고 싶은 거 있으면 내게 이야기해. 날 어머니같이 생각해라. 내가 자식이 없거든. 여기 드나든 지 삼십 년... 난 그냥 너희들 식구야."

빵을 씹던 그가 자식이 없다는 고모의 말에 억지로 약간 미소를 지었다. 나 혼자 본 것이었겠지만 거기에는 조소하는[32] 빛이 어렸다. 내가 깔깔거리며 갈등을 무마시켜 버리듯 그는 그렇게 조소하는 빛으로 무기를 삼는 것 같았다. 어찌됐든 그건 순전히 내 느낌이었는데, 나는 그를 처음 본 순간 그가 왠지 내 과(科)라는 생각을

27) 철렁하다 : 몹시 놀라 충격을 받다.

28) 교도관 : 교도소에서 행형에 관한 사무에 종사하는 공무원.

29) 물끄러미 : 우두커니 한 곳만 바라보는 모양.

30) 비감 : 슬픈 느낌. 또는 그런 느낌이 듦.

31) 어리다 : 빛이나 그림자, 모습 따위가 희미하게 비치다.

32) 조소 : 비웃음.

했다. 나의 직감은 거의 틀린 적이 없었지만, 그냥 사람이 아니라 사형수를 두고 그런 생각을 하는 게 스스로도 좀 이상한 기분은 있었다. 늦잠을 자느라고 아침을 거르고[33] 온 바람에 빵이라도 좀 먹고 싶었지만 그가 다람쥐처럼 두 손을 모으고 온몸을 둥글게 말아 그것을 먹고 있는 걸 보노라니까 입맛이 없어졌다. 순간 좀 딱하다는 생각이 들었다. 저 인생은 어쩌다가 여기로 왔을까, 뭐 이런 생각이 스쳐 갔던 것 같다. 모니카 고모는 빵을 들어 이주임이라는 교도관과 나에게도 하나씩 권하고 자신은 커피를 마셨다.

"그래 사는 게 어떠니? 이제 좀 적응이 돼?"

빵을 꾸역거리며[34] 씹던 그가 순간 씹던 동작을 멈추었다. 겨울 햇살이 비스듬히 비치는 사무실에 앉은 네 사람 사이로 긴장감 같은 침묵이 어렸다. 그가 먹던 빵을 마저 천천히 씹었다.

"보내 주신 답장 잘 받았습니다... 오늘 여기 오지 않으려고 했는데... 와서 말씀드려야 한다고 생각했습니다. 이주임님이 수녀님께서 삼십 년 동안, 비가 오나 눈이 오나 늘 전철 타고 버스 타고 오신다고... 그 말이 아니면 나오지 않았을 텐데... 그래서 나왔습니다."

그가 고개를 들었다. 얼핏 아주 평온한[35] 얼굴이었다. 그러나 좀더 자세히 보니까 그 평온은 가면처럼 딱딱해 보이는 종류의 것이었다.

"그래..."

"...오지 말아 주십시오. 편지도 받지 않겠습니다. 저는 그럴 만한 자격이 없는 사람입니다. 저를 이대로... 죽게... 내버려 둬 주십시오."

죽게, 라는 마지막 말을 하면서 그는 이를 악물었다. 턱 주위가 씰룩거리는[36] 것이 어금니를 꽉 앙다물고[37] 속으로 이를 가는 것 같았다. 뜻밖의 반응이었다. 날카로운 그의 눈매로 푸른 기운이 어리는 것을 나는 보았다. 저 사람이 갑자기 여기서 내 목을 휘어잡고 인질극이라도[38] 벌일까 봐 나는 순간 두려웠다. 그러고 보니 그의 이름을 신문에서 본 게 떠올랐다. 그는 살인을 하고 도망치다가 가정집에 들어가 엄마와 아이를 잡고 난동을[39] 부린... 희미한 윤곽이[40] 떠올랐다. 나는 교도관과 고모를 바라보았다. 그

---

33) 거르다 : 차례대로 나아가다가 중간에 어느 순서나 자리를 빼고 넘기다.

34) 꾸역거리다 : 음식 따위를 한꺼번에 입에 많이 넣고 잇따라 씹다.

35) 평온하다 : 조용하고 평안하다.

36) 씰룩거리다 : 근육의 한 부분이 자꾸 실그러지게 움직이다. 또는 그렇게 하다.

37) 앙다물다 : 힘을 주어 꽉 다물다.

38) 인질극 : 무고한 사람을 인질로 붙들어 놓고 자기의 목적을 이루려고 벌이는 소동.

39) 난동 : 질서를 어지럽히며 마구 행동함. 또는 그런 행동.

40) 윤곽 : 일이나 사건의 대체적인 줄거리. 사물의 테두리나 대강의 모습.

가 튼튼해 보이는 수갑을 차고 있다는 것이 좀 마음을 안심시켰다.

"윤수야... 내가 벌써 나이가 칠십이니까, 이렇게 불러도 되겠지?"

모니카 고모는 조금도 당황하지 않고 차근차근[41] 말을 시작했다.

"죄인이 아닌 사람이 어디 있니? 샅샅이[42] 헤아린다면 자격이란 게 있는 사람이 어디 있니? 나는 그냥 너와 함께 있었으면 한다. 가끔 보고 같이 빵도 먹고, 그냥 오늘 있었던 일 이야기도 하고... 내가 원하는 것은 그거지만...."

"저는,"

모니카 고모의 말을 자르며 그가 다시 입을 열었다. 오래 생각하고 말을 꺼내는 자 특유의[43] 가라앉은 목소리였다.

"저는 살아갈 희망도 의지도 없습니다. 그런 데 쓰실 힘이 있으면 가엾은 다른 사람들에게 베풀어 주십시오. 저는 사람을 죽였습니다. 그러니 그냥 이대로 죽는 것이 맞습니다... 이 말씀을 드리러 왔습니다."

더 볼일이 없다는 듯 그가 일어섰다. 교도관이 크게 놀랄 일은 아니라는 듯이 그를 따라 일어섰다. 빵을 먹을 때 마치 짐승이 땅에 떨어진 먹이를 먹는 것처럼 둥글게 몸을 말아야 하지만 나도 인간이라는 듯한 열띤 호소[44] 같은 것이 그에게서 느껴졌다. 사형수에게도 자존심이라는 것이 있나 보다, 라는 바보 같은 생각이 처음 들었다.

"잠깐만, 윤수 잠깐만!"

고모가 그를 애타게[45] 불렀다. 그가 고모 쪽으로 돌아섰다. 그를 바라보는 고모의 눈에 눈물이 고여 있었다. 그도 고모의 눈물을 본 거 같았다. 그건 찡그림이 아니라 무너짐 같은 거였다. 딱딱한 가면 한 귀퉁이가 찢어지는 듯한 그런 표정이었던 것이다. 그러나 그 무너짐도 곧 사라지고 다시 조소하는 듯한 빛이 어렸다. 고모는 들고 온 꾸러미 속에서 무언가를 주섬주섬 꺼냈다.

"곧 크리스마스데, 선물 가지고 왔어. 춥지? 내복 좀 샀다... 그래도 네가 이렇게 어렵게 날 만나

41) 차근차근 : 말이나 행동 따위를 아주 찬찬하게 순서에 따라 조리 있게 하는 모양.

42) 샅샅이 : 틈이 있는 곳마다 모조리.

43) 특유 : 일정한 사물만이 특별히 갖추고 있음.

44) 호소 : 억울하거나 딱한 사정을 남에게 하소연함.

45) 애타다 : 몹시 답답하거나 안타까워 속이 끓는 듯하다.

러 와 주었는데 어떻게 그냥 널 보내겠니... 그래 잠깐이면 되니까 좀 앉지 않겠니? 늙은이가 되어서, 내가 말이야, 다리가 좀 아프거든.”

그는 고모가 내민 꾸러미를 바라보고 있었다. 턱의 근육이 욱신거리며[46] 움직이고 있었다. 짜증이 난다는 듯 미간 한구석이 찌푸려졌다. 크리스마스 선물이라니 웬 개뼉다귀? 아마도 그렇게 말하고 싶은 표정으로, 그러나 노인네고 여자니까 봐 준다는 표정으로 그는 자리에 앉았다.

“내가 크리스마스 선물을 주는 건, 너보고 부담 가지라고 그러는 게 아니야. 성당에 다니라고 그러는 것도 아니구. 종교 이야기가 아니라구... 종교를 뭘 믿으면 어떠니? 또 안 믿으면 어떠니? 하루를 살아도 사람이 사람답게 산다는 거... 그게 중요한 거지. 그럴 리 없겠지만 혹여 네가 너 자신을 미워하는 사람이라면 그런 너를 위해 예수님이 오신 거야. 너 자신을 사랑하라고, 네가 얼마나 귀중한 사람인지 알려 주시려고. 혹여 네가 앞으로 누군가에게 따뜻함을 느낀다면, 혹시 네가 이런 게 사랑받는 거로구나, 하고 느낀다면 그건 하느님이 보내 주신 천사라고 생각했으면 하는 거야... 오늘 널 처음 보지만 나는 안다. 넌 마음이 따뜻한 녀석이야. 네 죄가 무엇이든 간에 그게 전부 다 너는 아닌 거야!”

고모가 마지막 말을 했을 때, 그가 얼핏 웃었다. 비웃음이었다. 사람을 죽였고 이제 그 죄과로 인해 내일이라도 형장에 매달려 죽을 사람에게, 귀중한 사람 어쩌구 하니까 어이가 없다는 듯했다. 그러나 감정의 동요가[47] 심한 자 특유의 불안한 기운이 그의 얼굴 위로 파도치듯 지나가고 있었다. 나는 이상하게도 그를 이해할 수 있는 기분이었다. 식구들과 지긋지긋하게 싸움을 하고 난 후, 고모의 전화를 받을 때, 그때 고모가 마치 지금 그에게 하듯 저런 목소리로 내게 말하면 나는 갑자기 화가 치밀어 올랐다. 말하자면 그건 내 감정 속으로 수혈되는[48] 다른 피에 대한 거부 반응[49] 같은 것이었다. 삶이든 감정이든 한 가지 혈액형일 때 우리는 편안함을 느낀다. 그게 옳든 그르든 악당은 악하고 반항아는 반항적인 것이 편안한 상태인 것이다.

“저한테 이러지 마십시오. 이렇게 하시면 저는 편히 죽을 수가 없습니다... 그래요 제가 수녀님을 만나러 오고 천주교 미사에 나가고 교도관들이 좋아하게 고분고분 말이란 말을 다 듣고... 그리고 찬송가 부르고 무릎 꿇고 앉아 기도하고, 그렇게 천사처럼 변한다고 합시다. 그러면 수녀님께서 저를 살려 주시기라도 할 거란 말입니까?”

46) 욱신거리다 : 머리나 상처 따위가 자꾸 쑤시는 듯이 아파 오다.

47) 동요 : 생각이나 처지가 확고하지 못하고 흔들림.

48) 수혈 : 빈혈이나 그 밖의 치료를 위하여, 건강한 사람의 혈액을 환자의 혈관 내에 주입하는 것.

49) 거부반응 : 조직이 잘 맞지 않는 장기를 이식하였을 때, 그것을 배제하려고 일어나는 생체 반응.

뜻밖의 말이었다. 그는 짐승처럼 흰 이를 드러내며 마지막 단어를 뱉었다. 모니카 고모의 얼굴이 일순 해쓱해졌다.[50]

"그러니 그냥, 제발 이제 저를 찾아오지 마세요."

"그래, 그건 맞아… 그러고 싶지만 그럴 힘이 없으니까. 그런데 살려 주지 못한다고 해서 만날 필요도 없는 건 아니잖니? 이런 말 하면 어떨지 모르지만 우리 모두는 실은 사형수야. 우리도 언제 죽을지 모르는 사람들… 그 언제 죽을지 모르는 내가 네 말대로 언제 죽을지 모르는 널 만나러 오면 안 되니, 왜 그런데?"

모니카 고모도 만만치[51] 않았다. 그는 어이가 없다는 듯 모니카 고모를 바라보았다.

"왜냐구!"

"…아무 희망도 갖고 싶지 않기 때문입니다… 그건 지옥입니다."

모니카 고모는 아무 말도 하지 않았다.

"여기서 조금만 더 나가면 저는 미쳐 버릴지도 모르겠습니다."

고모가 무언가 말을 꺼내려다가 잠시 입을 다물었다. 그리곤 잠시 후에 차분한[52] 목소리로 되물었다.

"윤수야, 지금 너를 제일 괴롭히는 게 뭐니? 제일 두려운 게 뭐지?"

그가 고모를 올려다보았다. 한참을 그랬다. 적의에[53] 찬 눈길이었다.

"…아침이요."

그는 악랄한 검사가 내미는 마지막 결정적 물증[54] 앞에서 하는 수 없이 죄를 자백하듯[55] 말했다. 목소리는 낮았다. 그는 더는 들을 필요가 없다는 듯 자리에서 벌떡 일어나 모니카 수녀에게 인사를 꾸벅하고 걸어나갔다. 그러자 석고상처럼 굳어 있던 고모가 그를 따라 일어섰다.

"잠깐만… 그래, 미안해, 그렇게 화내지 마라. 그러니까 힘들면 날 안 만나도 좋고, 그냥 가도 좋아. 가도 좋은데, 그런데 저기 이건 가지고 가서 먹어… 비싼 빵은 아니지만 이 늙은이가 그래도 너 생각해서 사온 건데, 그렇게 맛없는 건 아니야. …불법인 줄 알지만 이주임, 이거 두 개만 옷 속에 넣어 가게 눈 좀 감아 줘…."

---

50) 해쓱하다 : 얼굴에 핏기나 생기가 없어 파리하다.

51) 만만하다 : 무서울 것이 없어 쉽게 다루거나 대할 만하다.

52) 차분하다 : 마음이 가라앉아 조용하다.

53) 적의 : 적대하는 마음. 해치려는 마음.

54) 물증 : '물적 증거' 를 줄여 이르는 말.

55) 자백 : 자기가 저지른 죄나 자기의 허물을 남들 앞에서 스스로 고백함. 또는 그 고백.

고모는 사가지고 온 빵을 몇 개 들어 윤수에게 건넸다. 곤란하다는 듯한 표정이 이주임의 얼굴에 지나갔다. 저쯤 되면 고모의 고집이, 마치 아버지의 뜻이 하늘에서와 같이 땅에서도 이루어지듯, 위력을[56] 발휘한다고 할 만했다.

"그래... 혼자 독방에서... 젊은 아이가 얼마나 배가 고플 텐가... 한참 먹을 때일 텐데... 이주임! 부탁이야."

누가 죄인이고 누가 교화자인지[57], 누가 애원하고[58] 누가 거부해야 하는지 모를 좀 우스운 상황이긴 했다. 그때 그의 눈길이 처음으로 모니카 고모를 향하는 것을 나는 보았다. 그 눈길은 상대의 정체를 도저히 파악할 수 없다는 불안으로 흔들리고 있는 듯했다. 고모가 다가가 윤수의 옷 안쪽으로 빵을 넣어 주었다. 그는 약간 어이가 없는 표정이었다. 될 수 있으면 고모를 가까이 하고 싶지 않다는 듯이 뒷목을 길게 뺐다.

"괜찮아... 오늘 만나서 참 기뻤다. 윤수야, 널 만나서 나는 기뻤어. 나와 주어서 정말 고맙다!"

고모는 그의 어깨를 한참 어루만졌다. 그는 고문을 당하는 사람처럼 고통스러운 표정이었다. 그는 서둘러 몸을 돌렸다. 돌아서는데 자세히 보니까 한쪽 다리가 좀 불편한 듯 절룩이고 있었다. 고모는 긴 복도 끝으로 그가 사라질 때까지 상담실 문 앞에서 그를 보고 있었다. 그 순간 고모는 바닷가 절벽 위에 서 있는 염소처럼 몹시 고독해 보였다. 모니카 고모는 한 손을 이마에 짚었다. 갑자기 피로가 몰려오는 듯한 표정이었다.

"괜찮아, 첨엔 다 저래... 저게 희망의 시작이야... 자격 없다고 말하는 거, 그게 좋은 시작인 거야..."

고모는 딱히[59] 내게라고도 할 거 없이 중얼거리며 말했다. 가뜩이나 키가 작은 고모는 그대로 사그라져 버릴 것 같았다. 자기 자신에게 그렇게라도 다짐하지 않으면 안 된다는 듯했다. 나도 모르게 벽에 걸린 렘브란트의 그림을 힐끗 보았다 아버지에게 자신 몫의 유산을 먼저 달라고, 행패를[60] 부리

56) 위력 : 상대를 압도할 만큼 강력함. 또는 그런 힘.

57) 교화 : 가르치고 이끌어서 좋은 방향으로 나아가게 함.

58) 애원하다 : 소원이나 요구 따위를 들어 달라고 애처롭게 사정하여 간절히 바람.

59) 딱히 : 정확하게 꼭 집어서.

60) 행패 : 체면에 어그러지는 난폭한 짓을 버릇없이 함. 또는 그런 언행.

던 그 작은 아들. 그 아들이 그 재산을 탕진하고 돼지먹이통을 기웃거리다가[61] 아버지에게 돌아온다. 그는 다시 아들이 될 자격조차 없다는 것을 안다. 그가 돌아와 "아버지, 저는 아버지와 하늘에 죄를 지었습니다."라고 말한 것도 진심이었을 것이다. 그 모티프를 성서에서 따온 그림이었다. 렘브란트의 그림은 아들을 용서하는 아버지의 사랑과 무릎 꿇은 아들의 참회를[62] 표현하고 있었다. 렘브란트의 그림 속에서 아버지의 두 손은 다르다. 하나는 남자의 것이고 하나는 여자의 것, 그것은 신이 여성성과 남성성을 동시에 가지고 있다는 것을 표현한다고 미술사 시간에 배운 게 떠올랐다. 그런데 하필이면 이 방에 저 그림을 걸어둔 의도가 너무 뻔했다.[63]

"정윤수가... 아직도 말썽 많이 피우나?"

고모가 물었다.

"죽겠어요. 지난달에는 운동 시간에 조직 폭력배[64] 두목을 죽인다고 운동장 가에 피워 놓은 연탄난로 뚜껑을 집어 들고 싸움을 벌인 통에 보름 동안 징벌[65]방에 있다가 어제 나왔어요. 우리가 빨리 발견하지 않았으면 다시 재판정으로 갈 뻔했지요. 하긴 재판정에 가면 뭐 합니까? 사형에 더 보태도[66] 사형이니까... 징벌방에서도 어찌나 소란을 피우는지... 이런 말씀드리면 뭣하지만, 사형수들 땜에 죽겠어요... 여기서 사람 하나 더 죽여 봤자 마찬가지란 거죠. 어차피 이래 죽거나 저래 죽거나 사형이니까. 죄수들이 그래서 눈치 살피면서 꼼짝을 못 하니까 지들이 무슨 왕처럼 군다니까요. ...작년 팔월에 집행[67] 있고 아직 없어서... 이제 집행 때가 다 찬 걸 느껴서 그러는지 연말이 되면 더들 한다니까요... 보통 연말에 사형 집행이 있곤 하니까 말이죠... 집행 한 번 있고 나면 몇 달은 조용들 할 텐데... 그중에 저 윤수란 놈 아주 악질이에요.[68]"

모니카 고모는 잠시 아무 말도 하지 않다가 입을 열었다.

"그래도 저 애가 오늘 날 만나러 나왔잖아. 내 편지에 드물게긴 하지만 답장도 했었고."

---

61) 기웃거리다 : 무엇을 보려고 고개나 몸을 기울이다. 남의 것을 탐내는 마음으로 자꾸 넘겨다 보다.

62) 참회 : 자기의 잘못에 대하여 깨닫고 깊이 뉘우침.

63) 뻔하다 : 어떤 일의 결과나 상태 따위가 훤하게 들여다 보이듯이 분명하다.

64) 폭력배 : 걸핏하면 폭력을 행사하는 무리.

65) 징벌방 : 옳지 아니한 일을 하거나 죄를 지은 데 대하여 벌을 줌. 또는 그 벌.

66) 보태다 : 모자라는 것을 더하여 채우다. 이미 있던 것에 더하여 많아지게 하다.

67) 집행 : 법률, 명령, 재판, 처분 따위의 내용을 실행하는 일.

68) 악질 : 못된 성질. 또는 그 성질을 가진 사람.

고모는 작은 단서라도[69] 붙들고 싶은 수사관처럼 교도관에게 바싹 다가가는 자세로 말했다. 교도관의 얼굴로 비웃음 같은 것이 지나갔다.

"그러니까, 저도 실은 좀 놀랬어요. 지난달에 목사님께서 성경을 넣어 주셨는데 갈기갈기 찢어서 화장실 종이로 쓰고 있더라구요. 아마 그렇게 한 세 권쯤 없앴나 봐요."

내가 까르르 웃었다. 모니카 고모의 눈초리만 아니면 좀더 웃으려고 했는데 하는 수 없이 약간 근엄한[70] 표정으로 입을 다물어야 했다. 고소한 느낌도 들었다. 아까 여기 오는 길에 고모가 나한테 쓰레기, 쓰레기 한 말에 대한 복수를 그가 해 준 것도 같았다. 그는 고모가 제일로 아끼는 그 성서를 찢어서, 그야말로 쓰레기보다 못하게 버렸으니까. 하지만 분위기상 너무 고소한[71] 티를[72] 내고 있을 수는 없었다. 두 사람은 심각한 얼굴이었던 것이다.

"근데 오늘 아침에 내가 가서 이따 수녀님 오실 거라고 어쩌겠냐고 물으니까, 좀 생각하는 눈치더니, 수녀님께서 몇 살이시냐고 묻더라구요. 칠십이 넘으셨다니까... 좀 망설이는 듯하더니 웬일로 나온다고 했던 거예요."

고모의 얼굴 위로 기쁜 듯한 표정이 어렸다.

"그랬어? 나이 먹으니까 좋은 것도 있군 그래, 헌데 찾아오는 사람은 있나?"

"없어요. 아마 고아인 거 같아요. 어딘가 어머니가 살아 있다고 하는 것 같긴 한데... 아무도 찾아오는 사람은 없어요."

모니카 고모는 주머니에서 주섬주섬 흰 봉투를 하나 꺼냈다.

"이거 윤수 영치금[73] 좀 넣어줘요. 그리고 이주임도 너무 저 아이 그렇게 보지 마. 교도관들이 교화하라고 있는 거지... 빨리 죽여 버리려고 있나? 자네나 나나 실은 우리 모두 죄인 아닌 사람이 어디 있겠나?"

이주임은 봉투를 받아 넣었을 뿐 아무 말

---

69) 단서 : 어떤 문제를 해결하는 방향으로 이끌어 가는 일의 첫 부분.

70) 근엄하다 : 점잖고 엄숙하다.

71) 고소하다 : 볶은 깨, 참기름 따위에서 나는 맛이나 냄새와 같다. 기분이 유쾌하고 재미있다. 미운 사람이 잘못되는 것을 보고 속이 시원하고 재미있다.

72) 티 : 어떤 태도나 기색.

73) 영치금 : 죄를 지어 교도소에 갇힌 사람이 교도소의 관계 부서에 임시로 맡겨 두는 돈. 교도소를 통하여 음식이나 물품을 구입하는 데 쓴다. '맡긴 돈' 으로 순화.

도 하지 않았다.

돌아오는 길에 내가 수녀원까지 모셔다 드린다는 것을 모니카 고모는 한사코[74] 거절했다. 대체 왜 이 추운 날 버스랑 전철을 갈아타고 다닌다고 하는지, 아마도 그것이 고모와 내가 부리는 쓸데없다는 그 고집일 것이었다.

"고모, 그런데 저 사람 무슨 죄졌어?"

네거리에서 신호를 대기하고[75] 있는 동안 딱히 할 말도 없어서 내가 물었다. 고모는 생각에 잠긴 듯 대답이 없었다.

"그거 아까 수갑 같은 거는 우리 만난다고 차고 오는 건가?"

"아니야, 하루 종일 차고 있어."

아까 그가 몸을 둥글게 말고 빵을 먹는 모습을 보았을 때처럼 가슴이 철렁했다. 춘향이가 큰 칼을 쓰고 앉아 있는 것은 청승스럽고[76] 비련스럽고[77] 아니면 무언가 위엄 같은 것이 있어 보였지만, 그건 어디까지나 훗날 당연히 이몽룡과 함께 도래할[78] 극적인 정의의 반전[79]을 위해 비참하면[80] 할수록 좋은 도구이겠지만, 21세기가 다가오는 때, 실은 그건 좀 충격적이었다.

"그럼... 잘 때도?"

"그래... 그래서 팔 한번 뻗고 자보는 게 소원인 사람들이야. 어떤 때는 잠결에 잘못 돌아누워서 팔이 부러지는 사람도 있어. 사형 판결을 받고 길게는 그렇게 이 년 삼 년을 지내다가 죽는 거야."

"밥은 어떻게 먹구?"

"젓가락질 못 하니까 그릇째 들고 먹거나, 여러 명이 같은 방에 있는 경우에는 다른 재소자들이[81] 밥을 대충 비벼 주면 숟가락만 들고 겨우 먹어... 게다가 저 아이 징벌방에 보름 있었다는데 징벌방 들어가면 사람 그림자 하나 구경 못 해. 등 뒤로 수갑이 묶여서 밥그릇에 입 대고 먹어. 소위 개밥이라고 하는 거지... 거기 보름이나 있다가 나왔으니까 저도 제정신이 아니겠지... 화장실도 가지 못하는 경우도 있어. 그럴 땐 바지에 다 해결하는 거야. 보름 동안...."

---

74) 한사코 : 죽기로 기를 쓰고.

75) 대기 : 때나 기회를 기다림.

76) 청승 : 궁상스럽고 처량하여 보기에 언짢은 태도나 행동.

77) 비련 : 슬프게 끝나는 사랑. 애절한 그리움.

78) 도래하다 : 어떤 시기나 기회가 닥쳐오다.

79) 반전 : 일의 형세가 뒤바뀜.

80) 비참 : 더할 수 없이 슬프고 끔찍함.

81) 재소자 : 어떤 곳에 있는 사람.

갑자기 입으로 한숨이 비어져[82] 나왔다. 꼭 그래야만 하는 거냐고 묻고 싶은 것을 꾹 참았다. 모르고 있을 때는 몰랐는데, 알고 또 눈으로 보는 것은 참으로 다른 것 같았다. 나는 별로 살고 싶지 않은 동네 입구로 한 발을 디뎌 버린 것 같은 불길함을 느꼈다.

"그러니까 저 사람 살인한 거지? 아까 제 입으로 그랬잖아... 근데 저 사람은 누굴 죽인 거야? 왜 죽였대?"

"몰라."

고모의 대답은 너무도 단순하고 단호해서 나는 잠시 내 귀를 의심했다.

"어떻게 죽인 건데? 몇 명이나 죽였어? ...저 사람 신문에 난 적 있었지?"

"모른다고 했잖니!"

말투가 너무 단호해서 나는 고모를 돌아 보았다. 고모는 내 의문이 이상하다는 듯 나를 바라보았다.

"어떻게 몰라? 아까 보니까 고모는 여기 서울구치소 종교위원이라던데...저 사람한테 편지하려고 했을 땐 뭐 좀 알아 보고 했을 거 아냐?"

"난 저 애를 오늘 처음 만났다. 유정아, 저 애랑 난 오늘 처음 만난 거야. 그게 다야. 사람과 사람이 만나는데 너는 누구를 처음 만나서, 이제껏 무슨무슨 나쁜 짓을 하다가 여기서 이렇게 날 만나게 되었습니까? 하고 묻지는 않잖니. 자기 입으로 그 얘길하면 그냥 듣는 거지. 나에게는 오늘 본 저 애가 처음인 거다. 오늘의 저 아이가 내게는 저 아이의 전부야."

고모의 말은 단호했다. 무언가가 다시 한 번 가슴을 툭 하고 치고 지나가는 것 같았다. 나는 새삼 고모가 수도자라는 것을 생각하게 되었다.

"신호가 바뀌었다. 저기 삼거리 역에서 차 세워라. 저녁에 내가 전화하마."

고모는 그렇게 말하고는 전철역 앞에서 내렸다.

82) 비어지다 : 가려져 속에 있던 것이 밖으로 나오다.

• 글쓴이 소개

공지영(1963~)

1988년 『창작과비평』에 중편소설 『동트는 새벽』을 발표하면서 문단에 데뷔하였다. 이후 소설집 『인간에 대한 예의』, 『무소의 뿔처럼 혼자서 가라』, 『봉순이 언니』, 『착한 여자』 등을 발간하였다. 공지영은 한국의 사회변동과 인간문제에 대해서 탐구하였으며, 최근에는 소외된 여성문제, 가족문제, 사형제도 등 사회적으로 민감한 주제를 다룬 작품을 발표하고 있다.

[해설]

정윤수는 불우한 어린 시절을 보내고 세상의 밑바닥으로만 떠돌다가 세 명의 여자를 살해한 죄로 사형선고를 받았다. 어린 동생을 돌보지 못해 죽게 한 죄책감과 돈이 없어 아내를 지키지 못하고 살인자가 되어 삶을 체념한 윤수를 통해, 문유정은 자신과 같은 상처를 입은 인간의 모습을 발견하게 된다. 이들은 일주일에 세 시간씩 일 년 동안의 만남을 통해서, 그 동안 누구에게도 고백하지 못한 자신의 상처를 이야기한다. 그리고 서로의 모습을 통해 자기의 어두운 내면을 비로소 들여다보기 시작한다. 상처로 상처를 위로하면서 그들의 절망은 서서히 행복감으로 바뀌어 간다. 문유정은 스스로 죽을 결심을 버리게 되고, 윤수는 생애 처음으로 간절히 살고 싶어진다. 그리고 세상에 '사랑'이 있다는 것, 살아 있다는 것의 기쁨을 알게 해 준 서로가 소중하게 느껴진다. 서로의 마음을 이해하고 변화하게 될 때 윤수의 사형이 집행되는데....

어휘 연습

1. 다음 중 관계있는 어휘끼리 연결해 보십시오.

1) 비웃다 •	• 날카롭다 •	• 반성하다
2) 예민하다 •	• 애원하다 •	• 야비하다
3) 비열하다 •	• 조소하다 •	• 민감하다
4) 참회하다 •	• 뉘우치다 •	• 냉소하다
5) 호소하다 •	• 악랄하다 •	• 간청하다

2. 다음 단어를 넣어 문장을 완성해 보십시오.

섬뜩하다	거북하다	단호하다	어루만지다	진부하다

1) ㄱ. 그 사람은 그 일을 ________ 게 거절하였다.
   ㄴ. 그의 목소리는 ________ 고 자신에 차 있었다.

2) ㄱ. 그 책의 내용은 이미 여러 번 다루어진 적이 있는 ________ 은/ㄴ 이야기였다.
   ㄴ. 그 소설은 남녀의 사랑이라는 ________ 은/ㄴ 주제를 새로운 형식으로 쓴 작품이다.

3) ㄱ. 그 분은 어려운 사람들의 마음을 ________ 는 좋은 글을 많이 쓴 작가이다.
   ㄴ. 어머니는 슬픔에 젖은 딸의 얼굴을 ________ 으면서/면서 위로하였다.

4) ㄱ. 사이가 안 좋은 동료와 같이 그 일을 하게 되어 ________ 은/ㄴ 느낌이 든다.
   ㄴ. 그 친구와 싸운 뒤 사이가 ________ 어졌다/아졌다/여졌다.

5) ㄱ. 공포영화에는 ________ 은/ㄴ 장면이 많이 나온다.
   ㄴ. 무서운 이야기를 듣고 ________ 은/ㄴ 느낌이 들었다.

3. 다음 문제를 보고 답을 쓰십시오.

1) 다음 ______ 부분에 적당한 단어를 찾아 넣으세요.

이유	구실	토	조건	주석

- 가 : 어머니, 제가 꼭 거기에 가야 돼요? 오늘은 일이 많이 바쁜데...
  나 : ______ 을/를 달지 말고 빨리 가려무나.
- 가 : 30% 싸게 해 준다면 그 물건을 사겠습니다.
  나 : 다른 ______ 을/를 달지 마시고 계약서에 서명하십시오.
- 가 : 학생들이 이렇게 어려운 단어를 모를 텐데...
  나 : 본문의 어려운 내용은 ______ 을/를 달아서 설명해 주면 됩니다.

2) 관계가 있는 것을 연결하고 문장을 만드십시오.

목에 걸리다 •	• 마음에 남아 편안하지 않다
막을 내리다 •	• 일이나 사건이 끝나다
가슴이 철렁하다 •	• 깜짝 놀라다

- 영수는 집에 가서도 친구의 말이 (　　　　　)어서/아서/여서 마음이 편치 않았다.
- 그 일은 김 선생님의 도움으로 (　　　　　)었다/았다/였다
- 나는 어머니의 화난 목소리를 듣자 (　　　　　)었다/았다/였다.

3) (　　　　)안에 적당한 단어를 찾아 쓰십시오.

새침하다	눈치가 빠르다	단호하다	둔하다	시원시원하다

- 그 사람은 (　　　　　)어서/아서/여서 다른 사람의 기분을 빨리 알아 챈다.
- 그 여자는 (　　　　)은/ㄴ 표정으로 낯선 사람을 쳐다 보았다
- 무슨 일이든지 금세 결정하는 (　　　　　) 태도가 마음에 든다.

내용 이해

1. 다음 밑줄 친 문장은 모니카 수녀의 말입니다. 밑줄 친 부분이 의미하는 것은 무엇일까요? (　　)

> "난 저 애를 오늘 처음 만났다. 유정아, 저 애랑 난 오늘 처음 만난 거야. 그게 다야. 사람과 사람이 만나는데 너는 누구를 처음 만나서, 이제껏 무슨무슨 나쁜 짓을 하다가 여기서 이렇게 날 만나게 되었습니까? 하고 묻지는 않잖니. 자기 입으로 그 얘길하면 그냥 듣는 거지. <u>나에게는 오늘 본 저 애가 처음인 거다.</u> 오늘의 저 아이가 내게는 저 아이의 전부야."

❶ 모니카 수녀는 윤수를 처음 만난 것을 강조하고 싶어한다.

❷ 모니카 수녀는 사형수인 윤수를 선입견 없이 대하고 싶어한다.

❸ 문유정은 모니카 수녀가 윤수를 처음 만난 것이 아니라고 생각한다.

❹ 문유정은 사형수인 윤수를 처음 만나서 여러 가지를 물어보고 싶어한다.

2. 정윤수를 처음 만난 후, 그에 대한 문유정의 느낌은 어떻게 변화하고 있습니까?

동정	두려움	호기심	이해

윤수의 첫인상	→	빵을 먹는 모습	→	절망하는 모습	→	화를 내는 모습

3. 이 글에서 문유정은 어떤 인물입니까? 맞으면 O표, 틀리면 X표 하십시오.

1) 현재 삶에 만족한다. ( )

2) 구치소에 봉사활동을 하러 다닌 적이 있다. ( )

3) 외국에 유학을 한 경험이 있다. ( )

4) 가수 생활을 한 적이 있다. ( )

5) 대학교에서 공부하는 학생이다. ( )

4. 문유정이 느낀 정윤수의 첫인상은 어땠습니까? ✔표 하십시오.

험상궂다 ☐	날카롭다 ☐	따뜻하다 ☐
지적이다 ☐	차갑다 ☐	둔하다 ☐
쓸쓸하다 ☐	딱딱하다 ☐	냉정하다 ☐

이야기해 봅시다

- 전 세계적으로 사형이 폐지되고 있는 추세지만, 아직도 사형제도의 존속을 둘러싼 논쟁이 진행 중입니다. 다음 이야기를 읽고, 사형제도에 대해 찬성, 반대의 입장으로 나누어서 이야기해 봅시다.

〈데드맨 워킹〉(1996)은 헬렌 프리진 수녀의 경험을 영화화한 것으로 개봉 당시 전 세계적으로 사형제도에 관한 논의를 일으켰던 화제작이다.

빈민을 위한 봉사활동을 하던 헬렌 수녀는 어느날 매튜라는 사형수로부터 한 통의 편지를 받는다. 그는 감옥 생활의 외로움과 고통을 달래줄 얘기 상대가 필요하다고 호소하며 면회가 불가능하다면 편지라도 써 달라고 애원한다. 매튜는 두 여인을 살해하여 사형을 선고 받은 데다가 지독한 인종차별주의자였다. 헬렌 수녀는 매튜의 유죄를 확신하면서도 사형만은 면하게 하려고 애를 쓴다. 결국 그녀의 노력은 수포로 돌아가고 사형 집행일이 결정된다. 사형 집행 6일 전 다시 그를 만난 헬렌 수녀는 매튜로부터 사형장까지 함께 하는 영적 안내자가 되어 달라는 부탁을 받는다. 주위의 만류에도 불구하고 매튜의 청을 수락한 헬렌 수녀는 그로부터 사형 집행일까지 시간을 함께 보내게 된다. 이 영화에서는 사형수가 파렴치한 살해자이며 인종차별주의자임에도 불구하고, 법적으로 그의 생명을 빼앗을 권리가 인간에게 있는가 하는 문제를 던지고 있다.

찬성	반대
• 범죄 억제 가능성	• 오판의 가능성
• 교화의 가능성	• 인간성의 파괴
•	•
•	•

부록

모범 답안

어휘 색인

모범 답안

1 과

어휘 연습

1. 1) 상실하다: 가지고 있던 기능, 가치를 잃어버리다.
   2) 좌절하다: 뜻이나 기운 등이 꺾이다.
   3) 극복하다: 어렵고 힘든 일을 이겨내다.
   4) 주저앉다: 하던 일을 중도에 포기하고 그만두다./제자리에서 힘없이 그대로 앉다.
   5) 비틀거리다: 바로 서서 걷지 못하고 쓰러질 듯하다.
2. 1) 재기발랄한/재기발랄한 2) 성숙한/성숙해졌다.
   3) 필사적인/필사적인 4) 친숙해져서/친숙한
   5) 이기적인/이기적인
3. 1) ❹, ❸, ❶
   2) 원본, 중간본, 개정본, 최종본, 초간본
   3)

술 마신 사람 •	• 으르렁거리다
귀고리, 목걸이, 댕기 •	• 나풀거리다
아이의 눈, 하늘의 별 •	• 흔들거리다
바람에 날리는 머리 •	• 반짝거리다
사이가 안 좋은 두 사람 •	• 비틀거리다

내용 이해

1. ❸
2. 처음
   • 또 다른 시작의 의미
   다시 시작할 수 있다. 과거보다 나을 것이라는 희망이 있다.

   중간
   • 스칼렛 오하라에게서 배운 '또 다른 시작'
   전쟁으로 가문이 몰락하고 사랑을 잃었지만 절대 포기하지 않았던 스칼렛.
   • 나의 '또 다른 시작'
   힘들게 완성한 논문을 도둑 맞았지만 포기하지 않고 다시 시작해 새 논문을 완성함.

   끝
   • 새해의 의미
   또 다른 시작의 의미를 가지고 있다.
   지난해의 좌절과 실망을 모두 잊고 새롭게 다시 시작하자.

3. 1) ○ 2) × 3) ○ 4) × 5) ○

더 읽어보기

1. 11살 때 파리 첼로 콩쿠르에서 → 12살 때 칸에서 → 뉴욕, 워싱턴, 모스크바, 상트페테르부르크에서 → 5년 전 뉴욕에서
2. 스승의 마음을 다시 한 번 느꼈고 선생님의 가르침과 사랑을 다른 사람들과 나누는 음악인이 되기 위해 나와의 싸움을 계속 하리라는 결심을 했다.

2 과

어휘 연습

1. 1) 분간하다: 사물의 옳고 그름, 좋고 나쁨을 가리다.
   2) 절감하다: 마음 깊이 절실하게 느끼다.
   3) 예민하다: 자극에 대한 반응이 빠르다.
   4) 몰두하다: 한 가지 일에 집중하다.
   5) 막연하다: 분명하지 못하고 희미하다.
2. 1) 희미했다./희미하게 2) 길들이려면/길들여져서
   3) 소화하면/소화할 4) 발버둥쳤다/발버둥치면서
   5) 무딘/무뎌졌다.
3. 1) 말이 나오다, 문제가 풀리다, 바람이 들어오다
   2) 오만, 분노, 슬픔, 절망, 희망
   3) 흥겨운 노랫가락 소리에 어깨춤이 절로 나왔다.
   무거운 짐을 힘겹게 들고 가는 그의 뒷모습이 너무나 애처로워 보였다.

내용 이해

1. ❶
2. 처음
   • 점자를 접하게 된 배경
   다시 시작할 수 있다. 과거보다 나을 것이라는 희망이 있다.

   중간
   • 점자책을 만들고 싶었던 이유
   장애인들과 함께 살아가고 싶었고 그러기 위해서는 그들의 언어를 알아야 했기 때문에.

- 점자를 읽기 어려웠던 이유

  빛에 익숙해진 눈으로 어둠을 이해할 수는 없었다.

  나는 눈으로 읽는 자였기 때문에.

- 화담 서경덕 선생의 일화

  눈 앞의 현실이 혼미해질수록 다시 눈을 감고 평상심을 되찾아라.

끝
- 점자와 멀어진 이유

  내 언어에만 익숙해져서 장애인들을 서서히 잊게 되었다.

  취직, 전공, 직업 때문에 멀어졌다.

  손으로 점자책을 만들 필요가 없다.

- 나의 깨달음

  참된 눈을 얻는다는 것, 즉 득안이 멀게만 느껴진다.

  다시 스무 살의 순수했던 때로 돌아가 생각해 봐야겠다.

3. 1) ○ 2) × 3) ×

더 읽어보기

1. 상호간의 눈뜸이 있는 만남이다.
2. 창조적인 노력을 기울여 변화를 가져오도록 한다. 자신의 삶에 녹이 슬지 않도록 늘 깨어 있으면서 안으로 헤아리고 높이는 일에 근본적인 노력을 해야 한다.

3 과

어휘 연습

1.

무역	금융	정보통신
교역량 다국적 기업 무역 자유화	외환 거래 은행 계좌 주식 거래 증권 시장	대중 매체 생방송 전화 통신 컴퓨터 네트워크

2. 1) 공교롭게도 2) 생생하게 3) 명실 공히
   4) 한결같이 5) 끊임없이

3. 1)

국유~, 자동~, 전문~, 양극~, 세계~ — -화

적극~, 활동~, 세계~, 발전~, 역사~ — -적

인간~, 양면~, 동질~, 특수~, 역사~ — -성

2) 우선, 다음으로, 마지막으로, 그러나, 결론적으로

3) 물 흐르듯이, 생선 떼가 움직이듯이, 찬물로 끼얹은 듯이, 가뭄의 콩 나듯이, 비 오듯이

내용 이해

1. ❹

2. 처음 – 우리는 세계화 시대에 살고 있다. 그리고 이 글에서는 세계화에 대해 알아본다.

중간
- 세계화의 정의

  세계화란 국경을 넘어 지구 전체가 하나의 단위로 변하는 추세나 과정.

- 세계화의 기원

  제1견해: 기원전 4세기에 시작.

  제2견해: 산업혁명 시기에 시작.

  현대적 의미의 세계화의 시작: 1970–80년대에 시작.

- 현대적 의미의 세계화의 예

커뮤니케이션의 발달	정보통신기술의 발달로 세계 다른 지역에서의 일을 생생히 볼 수 있고 다른 지역 사람들의 생각과 생활을 알 수 있다.
무역과 금융의 세계화	외환 거래가2조원에 이르는 등 엄청난 수준에 이르고 있으며, 단기 자금은 돈이 되는 곳이면 세계 어느 곳이든지 순식간에 이동해 간다.
다국적, 초국적 기업들의 생산 활동의 세계화	기업이 한 나라에서만 생산하지 않는다. 자본, 노동력, 시장이 가장 좋은 곳을 찾아간다.
문화, 예술, 스포츠의 세계화	정보통신 기술의 발달로 세계 어디서나 똑같은 드라마, 영화, 스포츠 경기를 볼 수 있고, 세계적인 스타가 나타난다.

끝
- 현재의 세계화 진단

  – 지역이나 사회 계층에 따라 세계화의 정도는 다르다.

- 경제적 소득, 교육과 문화의 향유, 정보통신 수단의 소유와 이용 등 다양한 분야에서 양극화를 초래하였다.
- 지방적인 특수한 문화가 세계화의 진전에 따라 더 선명해지기도 한다.

3. 1) × 2) ○ 3) × 4) ○ 5) ×

더 읽어보기

1. 세계화는 새로운 지역화를 만들고 있다.
2. 햄버거나 감자튀김을 먹는 방식, 맥도날드 매장의 메뉴, 잉카콜라와 콜라독립 815, 한국의 전통 음료

4 과

어휘 연습

1. 1) 등정하다: 험한 산이나 높은 곳에 오르다.
   2) 일주하다: 한 바퀴 돌다.
   3) 등반하다: 산의 꼭대기에 오르다.
   4) 횡단하다: 좌우로 뻗은 공간을 지나가다, 건너가다.
   5) 종주하다: 능선을 따라 많은 산봉우리를 넘어가다.
2. 1) 누비고/누비며 2) 과시했다/과시하기
   3) 가늠해/가늠해 4) 벌어진/벌어졌다고
   5) 단장한/단장하고
3. 1) 그는 나를 보고는 반가운 듯 씨익 웃었다.
   예상과 달리 시골에도 포장도로가 여기저기 쭉쭉 뻗어 있었다.
   조금 늦게 도착했더니 사람들이 음식을 하나도 남기지 않고 몽땅 먹어 버렸다.
   나도 모르게 식욕이 당겨 침이 꼴깍 삼켜졌다.
   2) ㄱ. 성수기, ㄴ. 춘궁기, ㄷ. 농번기, ㄹ. 환절기, ㅁ. 비수기
   3) 얼어서 죽음 — 동사
   물에 빠져 죽음 — 익사
   뜻밖의 사고를 당해 죽음 — 횡사
   눌려서 죽음 — 압사
   늙고 쇠약해져 죽음 — 자연사

내용 이해

1. ❹
2. 1) 설악폭포 : 계곡의 물소리가 시원하다, 깨끗한 바람, 산의 정기가 느껴진다.
   2) 중청대피소 : 방이 운동장같이 넓다, 운동장같이 넓은 방에 혼자 묵으니 동사할까봐 걱정이 된다.
   3) 대청봉 : 쾌청하다, 바람 한 점 없다, 키 작은 눈잣나무와 눈측백나무가 엎드려 있다.
   4) 소청으로 가는 길 : 눈이 무릎까지 쌓여 있다, 공룡, 용아, 화채 능선이 한눈에 들어온다, 울산바위와 동해 바다도 보인다.
   5) 비선대로 가는 길 : 산벚꽃 향기가 진하다, 흰 꽃잎 때문에 온산이 하얗다, 신록과 초록의 색깔이 찬란하다.
3. 1) × 2) ○ 3) ×

더 읽어보기

1. 외도가 내도 여인의 아름다움에 반해 다가들다가 여인이 소리치자 바다에 그대로 멈춰 섰다는 설화를 믿고 있다.
2. 거제시에 대우조선해양과 삼성중공업이 있기 때문에 거제도에 가면 먹고 살 길이 있다는 말이 돌았기 때문이다.

5 과

어휘 연습

1. 1) 훼손하다: 함부로 다루어 못 쓰게 하다.
   2) 치명적이다: 돌이킬 수 없을 정도로 나쁘다.
   3) 인공적이다: 사람의 힘으로 자연과 비슷하게 만들다.
   4) 생존하다: 죽지 않고 살아남다.
   5) 오염되다: 더러워지다.
2. 1) 독차지하다시피하였다./독차지하게
   2) 걸러내고/걸러내 3) 번창하기를/번창하라고

4) 차단할/차단해야만　5) 조달하기/조달하려면

3. 1) 이번에 발사에 성공한 인공위성은 우리나라의 세 번째 위성이다.

이 냉장고는 인공지능 기능이 내재된 신제품이다.

우주인들의 자급자족을 위해 우주선 안에 인공 농장을 만들었다

김포공항 가는 길에 있는 인공폭포는 만들어진 지 20년이 넘었다.

2) ❹, ❸

3)

그날 새벽 그는 조용히 눈을 감았다.

회사 이사회에서는 그의 비리에 대해 눈을 감아주기로 결정을 내릴 모양이었다

내가 사랑에 눈을 뜬 것은 중학교 때였다.

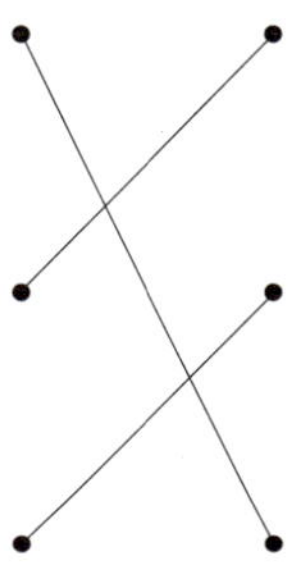

불문에 부치다

인식하다

운명하다

내용 이해

1. ❷

2. 서론 • 자연 흉내 내기의 어려움

버들치를 잡아 자연과 비슷한 환경을 만들어 주어도 알을 낳지 못함.

본론 • 인간의 자연 흉내 내기의 예 1

우주인들의 재활용과 우주선 농장

오줌 → 걸러내 증류해서 식수로 사용 샤워나 세면한 물 → 여러 번 걸러내 식수로 사용

연료전지 → 가동시 부산물로 나오는 물을 식수원으로 사용

배설물 → 진공 건조시켜 지구로 가져옴.

• 인간의 자연 흉내 내기의 예 2

생물권 2라 이름 붙인 인공지구의 실패 사례

만든 사람	에드워드 베스
만든 이유	작은 지구를 만들고 싶어서
교훈	비록 자연이 거의 무료로 인간에게 제공해 주는 서비스라 하더라도 인공적으로 만드는 데는 엄청난 비용이 든다는 것이다.

결론 • 자연의 소중함

자연은 인류 모두가 숨쉴 수 있는 산소를 아낌없이 준다.

자연을 훼손하면 소중한 기능이 사라진다.

3. 1) ○　2) ×　3) ○

더 읽어보기

1. 신이 보낸 재앙이라고 생각했다.

2. 19세기 석탄시대, 20세기 석유시대가 빚어낸 것이다. 즉 인간의 활동이 날씨에 영향을 준 것이다.

6 과

어휘 연습

1. 1) 방랑, 배회, 방황

2) 긴장, 경직, 삼엄

3) 대로, 골목, 도로

4) 단절, 소외, 고립

5) 굴레, 구속, 억압

2. 1) 시끌벅적하다

2) 황량한 빈민가, 삭막한 도시

3) 부러워하는 눈빛

4) 전혀 연연해하지 않는

5) 공동의 마당, 거리낌 없이 표출하는

3. 1) 일이 서로 맞물려 어떤 일이 먼저 해결될지는 두고 봐야겠다.

그는 날카로운 질문으로 맞받아쳤다.

국민들은 며칠째 반정부 시위를 벌이며 맞서고 있다.

모범 답안

2) 눈빛 • → • 부러워하다
몸짓 • → • 뽐내다
시선 • → • 감시하다
눈치 • → • 알아차리다

3) 힐끗힐끗, 꾸벅꾸벅, 슬그머니, 꾸역꾸역, 헐레벌떡

내용 이해

1. ❹

2. 처음 • 길거리와 우리의 삶

골목길은 아이들이 스스로 사회를 만들고 배우는 터전이며,

도시의 대로는 어른이 되면서 다양한 인간 활동을 경험하는 곳이다.

중간 • 한국 도시의 길거리

1) 북적대고 시끌벅적하다.

2) 행인들 사이에 시선의 상호작용이 이루어진다.

3) 자생적인 문화 잠재력이 숨어 있다.

4) 공동의 마당, 광장이 탄생한다.

끝 • 글쓴이가 본 길거리란?

공적 영역과 사적 영역 사이에 있는 제3의 공간이다.

업무와 일상에서 풀려나는 완충지대이며 안식처이다.

표현과 소통의 공간이다.

3. 1) × 2) ○ 3) ○

더 읽어보기

1. 옷깃을 여미는 분위기

2. 텃밭전통을 통해.

7과

어휘 연습

1. 1) 갈등, 대립, 대치

2) 허구, 가상, 가공

3) 색채, 특징, 양상

4) 시각, 관점, 시점

5) 흥행, 인기, 대중의 환대

2. 1) 복원하기/복원하는 2) 왜곡했다는/왜곡하는

3) 초래하기/초래한 4) 배제하지/배제한

5) 상충하는/상충하면

3. 1) ❸, ❸, ❸

2) 무 • → • 책임, 질서
비 • → • 폭력, 무장
반 • → • 국가, 정부 시위
불 • → • 안정, 분명

3) 이상적, 이념적, 극적, 비극적, 주관적

내용 이해

1. ❸

2. 처음 • 이슈의 배경

「동막골」이 기존 분단 영화와 다른 점은 무엇이고 그 의미는 무엇인가?

중간 • 분단 영화의 진화

1990년대 초반까지의 분단 영화: 역사에 대한 반성적 되돌아보기

2000년대 분단 영화: 민족이나 개인끼리의 소통과 결합을 가로막는 이데올로기의 해악성 지적

• 〈동막골〉과 기존 분단 영화의 차이

〈쉬리〉〈JSA〉〈태극기〉	〈동막골〉
무겁고 진지한 톤	'판타지'와 '코메디'의 가벼운 코드
분단이라는 주제가 갈등의 중심	이야기가 진행될수록 분단이라는 갈등이 해소

따라서, 동막골은 한국전쟁을 배경으로 깔고 있지만 현실 감각을 철저히 배제한 이야기이다.

• 흥행 코드에 담긴 대중적 무의식

분단영화의 흥행 성공 이유

동막골의 성공 이유

끝 • 휴머니즘은 이념의 골을 메우는가?

인간 사이에서 일어날 수 있는 문제를 분

단이라는 한국의 특수한 상황을 통해 보여 줌.

3. 1) × 2) ○ 3) ×

더 읽어보기

1. 개그우먼 이영자는 자신이 불리한 신체구조로, 엽기적인 그녀는 날씬한 몸배와 예쁜 얼굴로 인기를 누렸다.
2. 마음 속으로 바라는 대표적인 여성상이다.

8 과

〈자화상〉

1. 우물은 자기의 모습을 비춰 주는 자아 성찰의 매개이다.
2. 시인 자신의 모습, 자기 안에 스스로 인정할 수 없는 부분, 부끄러운 면이 있음을 의미한다.
3. 연민(불쌍함) → 미움 → 연민
4. ❸

〈이 시대의 죽음 또는 우화〉

1. 현실에 대한 반성적 의식이 없이 살아가는 현대인의 삶은 죽음과 다름이 없다는 뜻.
2. 한잔하다/ TV를 보다/ 신문을 읽다
3. ❶
4. 자신의 판단을 유보하고 신문에 난 내용을 무조건 사실로 믿어버리는 모습은, 주체적인 삶을 포기한 것과 같다. 시인은 현대인의 비주체적 모습에 대해서 비판하기 위해서 이렇게 표현한 것이다.
5. • 건강이 중요하다고 생각한다.

〈남해금산〉

1. 개인에 따라서 다양한 답을 선택할 수 있음.
2. 외로움 → 만남 → 이별 → 슬픔
3. ❶
4. 바닷가, 비, 울다 : 물은 순환, 정화와 재생의 이미지를 갖는다. 그러므로 비가 오고 여자가 울면서 떠난 것은 일차적으로 이별의 슬픔을 의미하지만, 푸른 바닷물의 이미지는 그 슬픔이 정화된 상태를 보여준다. 또한 비가 내포한 하강의 이미지는 이 시에서 바닷물을 거쳐 하늘로 상승하고, 다시 비가 되어 내린다. 이렇게 비(물)은 순환하면서, 이별을 영원한 이별(죽음)로, 유한한 존재인 그녀를 영원성의 존재로 상승시킨다.
5. 생략

〈다람쥐를 위하여〉

1. ❷
2. ❸
3. 인간들의 손–나무를 장대로 내리친다
도토리를 깡그리 주워간다
싹쓸이한다
다람쥐의 손– 도토리를 오물오물 먹는다
아름답다
욕심이 없다
4. 지구상의 주인이 인간이 아니라는 것, 공존의 의미를 이해할 것. 환경을 보호할 것. 동물의 권리를 인정할 것.

〈강물을 거슬러 오르는 저 힘찬 연어들처럼〉

1. ❷
2. 흐르는 강물을 거슬러 오르고 있다. 보편적이고 일상적인 삶이나 가치관을 따르지 않고 자신의 추구하는 삶을 살아가는 것.
3. 다른 어휘들은 자신이 추구하는 곳에 이르기 위해서 겪어야 하는 시련을 상징한다.
넓은 꽃밭–시련을 통과한 후에 도달할 수 있는 휴식처.
4. 「이 시대의 죽음 또는 우화」 –순응하다, 수동적이다, 무감각하다
「강물을 거슬러–」 –비판적이다, 적극적이다, 의지

가 강하다, 창조적이다, 능동적이다

9 과

어휘 연습

1. 1) 태연하다: 태도나 기색이 아무렇지도 않은 듯이 예사롭다.
   2) 허탈하다: 몸에 기운이 빠지고 정신이 멍하다.
   3) 꾀죄죄하다: 옷차림이나 모양새가 매우 지저분하고 궁상스럽다.
   4) 측은하다: 가엾고 불쌍하다.
   5) 찜찜하다: 마음에 꺼림칙한 느낌이 있다.
2. 1) 말쑥하게/말쑥한 2) 갈등하고/갈등하는
   3) 시답잖은/시답잖은 4) 힐끔거리는/힐끔거리고
   5) 돌진해서/돌진하는
3. 1) 오한 • — • 나다
   울화통 • — • 터지다
   신경질 • — • 부리다
   실랑이 • — • 벌이다
   신경질, 울화통, 오한
   2) 머리를 굴리다 • — • 생각하다
   쏘아 붙이다 • — • 말을 내뱉다
   회사에서 잘리다 • — • 해고를 당하다
   머리를 굴려 보았다. 회사에서 잘린, 쏘아 붙였다.
   3) 화살, 썰물, 꿀

내용 이해

1. • 타인의 일에 무관심한 현대인의 모습을 비판한다.
2. 아파트에서 • 면도기가 부러졌다.
   • 엘리베이터에 낀 사람을 보았다.
   회사에 가는 길 • 공중전화가 고장이었다.
   • 두 번째 버스에서 치한으로 몰렸다
   회사에서 • 엘리베이터가 고장 나서 그 안에 갇혔다.
   • 엘리베이터 신고를 했으나 아무도 믿어주지 않았다.
   집에 오는 길 • 엘리베이터에서 만난 이웃들이 그를 피했다.
   • 엘리베이터에 낀 남자는 어떻게 되었을까 궁금하다.
3. 1) × 2) × 3) ○ 4) ×

10 과

어휘 연습

1. 1) 비웃다, 조소하다, 냉소하다
   2) 예민하다, 날카롭다, 민감하다
   3) 비열하다, 악랄하다, 야비하다
   4) 참회하다, 뉘우치다, 반성하다
   5) 호소하다, 애원하다, 간청하다
2. 1) 단호하게/단호하고 2) 진부한/진부한
   3) 어루만지는/어루만지면서
   4) 거북한/거북해졌다 5) 섬뜩한/섬뜩한
3. 1) 토, 조건, 주석
   2) 목에 걸리다 • — • 마음에 남아 편안하지 않다
   막을 내리다 • — • 일이나 사건이 끝나다
   가슴이 철렁하다 • — • 깜짝 놀라다
   목에 걸려서, 막을 내렸다, 가슴이 철렁했다
   3) 눈치가 빨라서, 새침한, 시원시원한

내용 이해

1. ❷
2. 호기심 → 동정 → 두려움 → 이해
3. 1) × 2) × 3) ○ 4) ○ 5) ×
4. 날카롭다, 지적이다, 차갑다, 쓸쓸하다, 냉정하다 → 모두 가능함

색인

색인

색인

출전

과	분류	제목	지은이	출전
01	본문	또 다른 시작	장영희	조선일보, 문학의 숲 고전의 바다, 2002.12.28
	더 읽어보기	로스트로포비치 선생님의 눈물	장한나	조선일보, 장한나 칼럼, 2007.06.23
02	본문	점자들 속으로	나희덕	『반통의 물』 p.33-37, 창작과 비평사, 1999.
	이야기해 봅시다	북향 언덕의 토끼	나희덕	『반통의 물』 p.38, 창작과 비평사, 1999.
03	본문	세계화의 이모저모	김세웅, 강명옥	『글로벌 시대의 이해와 국제매너』 p.15-26, 피스북, 2007.
	더 읽어보기	세계는 점점 같아지는가?	한경구, 홍석준 외	『처음 만나는 문화인류학』 p.279-283, p.135, 일조각, 2003.
04	본문	이틀 간 전세 낸 설악산 등정	한비야	『바람의 딸, 우리 땅에 서다』 p.242~250, 푸른숲, 1999.
	더 읽어보기	거제도 '황제의 길'	임동헌	중앙일보, 주말 매거진week, 2007.11.16
05	본문	지구야 고맙다	조홍섭	『생명과 환경의 수수께끼』 p.12-18, 고즈윈, 2005.
	더 읽어보기	날씨도 사람책임이다	정성희	동아일보, 칼럼, 2007.10.16
06	본문	문화 유전자, 길거리 (원제: 문화 유전자의 고밀도 집적회로 길거리)	김찬호	『문화의 발견 길거리』 p.238~246, 문학과 지성사, 2007.
	더 읽어보기	서울 인사동	김진애	『우리 도시 예찬』 p.66~74, 안그라픽스, 2003.
07	본문	〈웰컴 투 동막골〉과 '분단 영화'를 보는 시각	이슈투데이 편집국	『한국 사회 이슈 100선』 p.331~334, 이슈투데이, 2006.
	더 읽어보기	영자와 엽기적인 그녀	이효인	『영화로 읽는 한국 사회문화사』 p.283~292, 개마고원, 2003.
08	들어가기	산유화	김소월	『진달래꽃』, 매문사, 1925.
	본문	자화상	윤동주	『하늘과 바람과 별과 시』, 연세대학교 출판부, 2004.
	본문	우리시대의 죽음 또는 우화	오규원	『오규원시전집1』, 문학과 지성사, 2002.
	본문	남해금산	이성복	『남해금산』, 문학과 지성사, 1986.
	본문	다람쥐를 위하여	정현종	『한 꽃송이』, 문학과 지성사, 1992.
	본문	거꾸로 강을 거슬러 오르는 저 힘찬 연어들처럼	강산에	강산에 4집 Vol. 3 - 연어, 1998.
09	본문	엘리베이터에 낀 그 남자는 어떻게 되었나?	김영하	『엘리베이터에 낀 그 남자는 어떻게 되었나』 p.99-122, 문학과 지성사, 1999.
10	본문	우리들의 행복한 시간	공지영	『우리들의 행복한 시간』 p.39-58, 푸른숲, 2005.